PROCESSOS ESTOCÁSTICOS E APLICAÇÕES

COLECÇÃO ECONÓMICAS – 2ª Série
Coordenação da Fundação Económicas

António Romão (org.), *A Economia Portuguesa -20 Anos Após a Adesão*, Outubro 2006

Manuel Duarte Laranja, *Uma Nova Política de Inovação em Portugal? A Justificação, o modelo e os instrumentos*, Janeiro 2007

Daniel Müller, *Processos Estocásticos e Aplicações*, Março 2007

COLECÇÃO ECONÓMICAS – 1ª Série
Coordenação da Fundação Económicas

Vítor Magriço, *Alianças Internacionais das Empresas Portuguesas na Era da Globalização. Uma Análise para o Período 1989-1998*, Agosto 2003

Maria de Lourdes Centeno, *Teoria do Risco na Actividade Seguradora*, Agosto 2003

António Romão, Manuel Brandão Alves e Nuno Valério (orgs.), *Em Directo do ISEG*, Fevereiro 2004

Joaquim Martins Barata, *Elaboração e Avaliação de Projectos*, Abril 2004

Maria Paula Fontoura e Nuno Crespo (orgs.), *O Alargamento da União Europeia. Consequências para a Economia Portuguesa*, Maio 2004

António Romão (org.), *Economia Europeia*, Dezembro 2004

Maria Teresa Medeiros Garcia, *Poupança e Reforma*, Novembro 2005

1ª Série publicada pela CELTA Editora.

DANIEL MÜLLER
Professor Catedrático
Departamento de Matemática – ISEG/UTL

PROCESSOS ESTOCÁSTICOS E APLICAÇÕES

PROCESSOS ESTOCÁSTICOS E APLICAÇÕES

AUTOR
DANIEL MÜLER

EDITOR
EDIÇÕES ALMEDINA, SA
Rua da Estrela, n.º 6
3000-161 Coimbra
Tel: 239 851 904
Fax: 239 851 901
www.almedina.net
editora@almedina.net

PRÉ-IMPRESSÃO • IMPRESSÃO • ACABAMENTO
G.C. GRÁFICA DE COIMBRA, LDA.
Palheira – Assafarge
3001-453 Coimbra
producao@graficadecoimbra.pt

Março, 2007

DEPÓSITO LEGAL
255702/07

Os dados e as opiniões inseridos na presente publicação
são da exclusiva responsabilidade do(s) seu(s) autor(es).

Toda a reprodução desta obra, por fotocópia ou outro qualquer processo,
sem prévia autorização escrita do Editor,
é ilícita e passível de procedimento judicial contra o infractor.

Prefácio

A disciplina de Processos Estocásticos situa-se na área da Teoria da Probabilidade e estuda os modelos probabilísticos que descrevem os fenómenos aleatórios que evoluem de acordo com um certo parâmetro, designado genericamente por t e que representa nas situações mais frequentes o tempo.

O âmbito desta disciplina é tão vasto quanto é o das aplicações aos diferentes tipos de fenómenos a modelar nos diversos domínios da ciência e que fazem parte, muitos deles, da realidade de todos os dias. Sendo, em certas situações, esta realidade extremamente complexa, a tarefa da modelação de tais fenómenos exige instrumentos matemáticos cada vez mais sofisticados, fazendo com que algumas áreas da disciplina de Processos Estocásticos estejam em permanente desenvolvimento e sejam objecto de constante investigação. No entanto, como em qualquer teoria, a dos Processos Estocásticos é constituída por fundamentos básicos e modelos simplificados com suporte matemático menos exigente e que, apesar disso, permitem a modelação de um alargado leque de fenómenos manifestamente interessantes de serem estudados.

O presente texto constitui uma introdução à disciplina de Processos Estocásticos e a quase totalidade dos assuntos nele tratados refere-se aos fundamentos da teoria, à exposição dos principais modelos estocásticos e ao estabelecimento das suas propriedades mais relevantes. Destina-se a um curso semestral, onde se ensaia uma primeira abordagem ao estudo dos mais importantes tipos de processos e se ilustram as potencialidades de cada um deles na resolução de situações práticas concretas.

Um estudo completo e exaustivo de cada um dos processos estocásticos em consideração não será apresentado, por motivos óbvios de limitações de tempo, visto tratar-se de um curso semestral. Todavia, os conceitos teóricos fundamentais relativos a cada uma das classes de processos serão no essencial referidos, de modo a que seja possível estabelecer uma plataforma sólida que permita desenvolver estudos mais aprofundados noutros contextos.

Assume-se, para um completo entendimento deste texto, que o leitor está familiarizado com as principais noções e temas usualmente estudados num curso introdutório de Teoria da Probabilidade.

A parte final do texto aborda um conjunto de tópicos específicos que vão alargar o horizonte de uma formação básica em processos estocásticos e mostrar que esta disciplina não se esgota nos modelos entretanto estudados. Estes tópicos são introduzidos de forma breve e simplificada, uma vez que um seu estudo mais desenvolvido apela um maior grau de complexidade matemática, encontrando-se fora dos objectivos de um curso com as características indicadas.

Existe uma vasta literatura dedicada ao estudo dos Processos Estocásticos, apesar disso, propus-me a realizar este trabalho por considerar que nenhuma das obras minhas conhecidas se adequa de forma equilibrada a um primeiro curso nesta área. Muitas dessas obras não abordam determinados assuntos e outras, por serem demasiado extensas, são desajustadas a um primeiro contacto com este tema. Além disso, pareceu-me útil poder transmitir neste texto a vasta experiência adquirida ao longo dos anos nesta área, quer no ensino como na investigação.

Há assuntos que não foram deliberadamente tratados neste texto tendo em conta os objectivos que foram fixados na sua realização e por, alguns deles, implicarem conhecimentos mais profundos em algumas domínios da matemática. Em particular, não se faz o estudo dos processos cujo espaço dos estados é contínuo por se apoiar, em grande parte, em assuntos mais exigentes da área da análise funcional. Na bibliografia indicada o leitor encontrará diversas obras que se dedicam ao estudo desse tipo de processos.

Refere-se, ainda, que os diferentes modelos estocásticos que serão objecto de estudo vêm acompanhados de exemplos que ilustram situações práticas concretas onde esses modelos podem ser aplicados. Além disso, no final de cada capítulo, são apresentados um conjunto de exercícios que reforçam as potencialidades da teoria entretanto exposta.

Este texto encontra-se organizado como se segue.

O Capítulo I dá a definição precisa de processo estocástico e destaca algumas classes particulares de processos: os estacionários, os de incrementos independentes e os de Markov. Termina com uma breve referência aos processos de Wiener e de Poisson.

O Capítulo II é dedicado aos processos de contagem, começando por estabelecer a axiomática do processo de Poisson, seguindo-se os que dele são considerados derivados por abandono de alguns axiomas iniciais. Depois, destaca o estudo das sucessões dos tempos entre chegadas e dos tempos de espera, concluindo com uma rápida passagem pelos processos de contagem de renovamentos.

O Capítulo III apresenta o estudo das cadeias de Markov a tempo discreto, pondo em destaque os diversos modos de classificar os seus estados, para daí poder deduzir os principais resultados referentes ao limite da probabilidade de transição em n passos e a relação deste limite com a distribuição estacionária.

O Capítulo IV trata das cadeias de Markov a tempo contínuo, fazendo especial referência ao estudo dos processos de nascimento e morte. São deduzidas as equações diferenciais de

Kolmogorov, cuja resolução permitirá, em cada caso, deduzir uma expressão para as probabilidades de transição.

O Capítulo V, aproveitando os resultados estudados no capítulo anterior, apresenta um breve estudo da teoria das filas de espera, referindo em especial os modelos Poissonianos em que se admite que os clientes acorrem a um serviço de acordo com um processo de Poisson e são servidos de tal modo que a sucessão dos tempos de serviço é IID com uma distribuição exponencial.

Finalmente, no Capítulo VI são seleccionados quatro tópicos da teoria dos processos estocásticos e apresentados apenas os seus rudimentos. O primeiro, dedica-se ao estudo das martingalas, fazendo referência ao conceito de tempo de Markov e ao teorema da convergência. O segundo, refere na sua forma mais simples a análise estocástica, definindo em média quadrática os conceitos de continuidade, diferenciabilidade e integrabilidade de um processo estocástico. O terceiro tópico, aborda resumidamente os processos lineares, em particular os ARMA, e os processos não lineares, destacando a importância deles na análise de séries temporais. Finalmente, no último tópico, faz-se uma breve referência ao processo de ramificação de Galton--Watson, apresentando-se algumas das suas propriedades mais importantes e abordando o problema da extinção de uma população.

Por último, conclui-se este texto com uma parte referente à resolução de todos os exercícios que foram apresentados no final de cada um dos cinco primeiros capítulos.

Em relação à bibliografia mencionada, apenas indiquei a que em minha opinião é a mais significativa e historicamente marcante. Existem, contudo, dezenas, se não centenas de livros publicados sobre Processos Estocásticos em língua não portuguesa e onde se encontram expostos com maior ou menor grau de desenvolvimento os assuntos tratados no presente texto.

Os sucessivos esboços que deram origem a este texto foram facultados aos alunos da disciplina de Processos Estocásticos e Aplicações da licenciatura MAEG do ISEG/UTL nos anos lectivos 2003/2004, 2004/2005 e 2005/2006. As diversas sugestões e reacções manifestadas pelos alunos no decorrer da leccionação do curso, contribuíram significativamente para que as diferentes versões fossem sendo melhoradas até se atingir a presente versão.

Manifesto o meu profundo agradecimento a Lucília Carvalho, Nuno Crato, João Andrade e Silva e Alfredo Egídio dos Reis por terem lido o manuscrito ou algumas partes do mesmo. As sugestões apresentadas melhoraram substancialmente a qualidade do texto, no entanto, não descarto a responsabilidade pelos erros e gralhas eventualmente remanescentes.

Lisboa, Junho de 2006

DANIEL MÜLLER
Instituto Superior de Economia e Gestão
da Universidade Técnica de Lisboa
Departamento de Matemática
muller@iseg.utl.pt

Índice

PREFÁCIO i

CAPÍTULO I
NOÇÕES GERAIS SOBRE PROCESSOS ESTOCÁSTICOS 1

1. Introdução 1
2. Definições e generalidades 4
3. Processos estacionários 14
4. Processos de incrementos independentes e estacionários 17
5. Processos de Markov 21
6. Processo de Wiener 23
7. Processo de Poisson 25

Exercícios 28

CAPÍTULO II
PROCESSOS DE CONTAGEM 31

1. Introdução 31
2. Axiomática dos processos de Poisson 32
3. Processos derivados do processo de Poisson 39
   3.1. *Processo de Poisson não homogéneo* 40
   3.2. *Processo de Poisson generalizado* 47
   3.3. *Processo de Poisson composto* 52
4. Tempos entre chegadas e tempos de espera 56
5. Processos de contagem de renovamentos 62

Exercícios 67

xii | Processos estocásticos e aplicações

CAPÍTULO III
CADEIAS DE MARKOV A TEMPO DISCRETO 73

1. Probabilidades de transição e equação de Chapman-Kolmogorov   73
2. Classificação dos estados   83
3. Teoremas limite   95
4. Aplicações   108
    4.1. *Estudo meteorológico*   108
    4.2. *Estudo demográfico*   110
    4.3. *Filas de espera*   112

Exercícios   115

CAPÍTULO IV
CADEIAS DE MARKOV A TEMPO CONTÍNUO   121

1. Introdução   121
2. Processos de nascimento e morte   125
3. Equações diferenciais de Kolmogorov   135
4. Teoremas limite   148

Exercícios   154

CAPÍTULO V
TEORIA DAS FILAS DE ESPERA   159

1. Introdução: definições e generalidades   159
2. Modelos de fila de espera Poissonianos   167
    2.1. *Modelo* $(M/M/1):(FCFS/\infty/\infty)$ 167
    2.2. *Modelo* $(M/M/1):(SIRO/\infty/\infty)$ 175
    2.3. *Modelo* $(M/M/1):(GD/N/\infty)$ 176
    2.4. *Modelo* $(M/M/c):(GD/\infty/\infty)$ 178

Exercícios   182

CAPÍTULO VI
TÓPICOS DIVERSOS   187

1. Martingalas   187
    1.1. *Definições e exemplos*   187
    1.2. *Tempo de Markov*   193
    1.3. *Teorema da convergência em martingalas*   198

Índice | xiii

2. Análise Estocástica 202
   2.1. *Introdução* 202
   2.2. *Continuidade, diferenciabilidade e integrabilidade* 203
3. Processos lineares e não lineares 209
   3.1. *Introdução* 209
   3.2. *Representação linear dos processos estacionários* 210
   3.3. *Processos não lineares* 215
4. Processos de ramificação: processo de Galton-Watson 217
   4.1. *Introdução* 217
   4.2. *Processo de Galton-Watson: definição e propriedades* 218

RESOLUÇÃO DOS EXERCÍCIOS 227

BIBLIOGRAFIA 271

ÍNDICE REMISSIVO 273

Capítulo I

Noções gerais sobre processos estocásticos

1. Introdução

Diariamente, qualquer pessoa é confrontada com situações de manifesta imprevisibilidade, tais como, o estado do tempo ao acordar, o tempo que demora a chegar ao emprego, o número de chamadas telefónicas que recebe, o número de pessoas em fila de espera numa caixa de supermercado, o consumo de electricidade em casa, etc. Por vezes, estando mais atenta, observa também o índice da bolsa de valores ou a cotação de determinado activo financeiro, o valor assumido por um qualquer índice económico, o número de acidentes de viação ocorridos, etc., etc. Ora todas estas situações imprevistas correspondem a fenómenos que são fortemente influenciados pelo acaso, o que significa que a aleatoridade é um factor marcante e inerente ao modo como se comportam e evoluem a grande maioria dos fenómenos que nos rodeiam. Por esta razão, são geralmente designados por **fenómenos aleatórios** e têm como característica dominante o facto de não poderem ser exactamente previsíveis, ou seja, por mais que sejam observados não se conhecem de forma exacta os seus desenvolvimentos futuros. Em particular, encontramos fenómenos deste tipo em quase todos os ramos da ciência.

2 | Processos estocásticos e aplicações

A Teoria da Probabilidade, como é sabido, é uma teoria matemática que tem por objectivo o estudo dos fenómenos aleatórios, na perspectiva de formular modelos que expliquem e descrevam o comportamento de tais fenómenos. Esse estudo é realizado com base no conceito de **experiência aleatória**, cuja característica essencial é a de produzir resultados que nunca podem ser previstos de forma exacta, mesmo que sejam obtidos por repetição dessa experiência em circunstâncias semelhantes. As noções básicas que suportam o desenvolvimento dessa teoria são as de espaço de probabilidade, variável aleatória e função de distribuição. Estes conceitos são usualmente apresentados em cursos introdutórios à disciplina de Teoria da Probabilidade, onde se estabelecem e estudam os principais modelos vocacionados a descrever experiências aleatórias que tenham a faculdade de poderem ser repetidas em condições semelhantes.

No entanto, tais modelos apresentam sérias limitações ao estudo de certos fenómenos aleatórios quando a correspondente experiência aleatória não permite produzir resultados sob condições perfeitamente análogas. Por exemplo, a taxa mensal de inflação num determinado país tem características diferentes consoante cada mês e os seus valores não podem ser observados repetidamente sempre nas mesmas condições. Nestas circunstâncias, somos levados a concluir que existe uma classe importante de fenómenos aleatórios com comportamentos diferentes segundo as condições em que são observados e que não podem ser estudados pelos modelos probabilísticos mais simples.

A **Teoria dos Processos Estocásticos**, ramo particular da Teoria da Probabilidade, vai ocupar-se desta classe de fenómenos aleatórios, os quais se admitem depender de um determinado parâmetro, designado genericamente por t, e que traduz as diferentes condições em que são observados. Em geral, nos fenómenos mais importantes e frequentes este parâmetro t tem o significado de "tempo", quer dizer, são fenómenos que evoluem no tempo. No entanto, existem fenómenos em que o parâmetro t não está relacionado com alguma medida de tempo, como por exemplo, a medição de uma grandeza que dependa das condições da pressão atmosférica em que são efectuadas as observações.

São muitos os domínios de aplicação dos processos estocáticos nas diferentes áreas da ciência, tais como, física, biologia, economia e gestão, engenharia, etc. Alguns exemplos podem ser enunciados em cada uma destas áreas, tais como, o estudo do desenvolvimento de populações, a descrição de sistemas de controlo em processos industriais, o controlo de estoques, as filas de espera, a análise de flutuações económicas, etc. Ao longo do presente texto serão ilustradas com exemplos as possibilidades de aplicação dos diferentes modelos estocásticos em diversas situações práticas e no final de cada capítulo apresentam-se exercícios onde, uma vez mais, se salientam e vislumbram as potencialidades de alguns dos processos estocásticos objecto de estudo.

Do ponto de vista histórico, é geralmente atribuído a Galton (1822-1911) o primeiro estudo na área dos processos estocáticos a propósito da sobrevivência dos nomes de família em Inglaterra. Pouco tempo depois, foram realizados trabalhos sobre o movimento browniano, tráfico de telefones e ruído em tubos electrónicos, Einstein (1905), Smoluchowski (1906), Bachelier (1912), Erlang (1918), Schottky (1918). No entanto, considera-se que a fundação da teoria matemática dos processos estocásticos se deve a Kolmogorov (1903-1987). Salienta-se também o importante trabalho desenvolvido por Chebyshev (1821-1894) e Markov (1856-1922). Pode dizer-se que, a partir do século XX, as principais escolas probabilísticas existentes no mundo deram contributos decisivos para o desenvolvimento da teoria dos processos estocásticos, podendo-se destacar o importante livro de Doob (1953), as obras de Blanc-Lapierre e Fortet (1953) e Bartlett (1955), além dos trabalhos de Fisher (1890--1962), Feller (1906-1970), Wiener (1894-1964), Levy (1886-

-1971) e tantos outros. Como curiosidade, refere-se que o termo "estocástico" é de origem Grega e tal como foi salientado por Parzen (1999) *"In seventeenth century English, the word "stochastic" had the meaning "to conjecture, to aim at a mark". It is not quite clear how it acquired the meaning it has today of "pertaining to chance". Many writers use the expressions "chance process" or "random process" as synoyms for "stochastic process" "*.

2. Definições e generalidades sobre processos estocásticos

Considere-se uma experiência aleatória e represente-se por Ω o conjunto formado por todos os resultados que é possível obter quando se efectua essa experiência. Este conjunto é designado por **espaço dos resultados** e um seu subconjunto A, $A \subset \Omega$ diz-se **acontecimento**. Sobre o espaço Ω defina-se uma **σ-álgebra de acontecimentos**, representada por $\mathcal{F}$, ou seja, um conjunto de acontecimentos que verifica as três propriedades seguintes:

a) $\Omega \in \mathcal{F}$.

b) Se $A \in \mathcal{F} \Rightarrow \bar{A} \in \mathcal{F}$.

c) Se $A = \bigcup_{n=1}^{\infty} A_n$ com $A_n \in \mathcal{F}$, $n = 1, 2, ... \Rightarrow A \in \mathcal{F}$.

Na presença de uma σ-álgebra $\mathcal{F}$ define-se a **medida de probabilidade** P como uma função que a cada acontecimento A faz corresponder um número real P(A),

$$P:\mathcal{F} \to \Re ,$$

designado por **probabilidade do acontecimento** A, que verifica os três axiomas seguintes:

a) $P(A) \geq 0 \ \forall A \in \mathcal{F}$.

b) $P(\Omega) = 1$.

Noções gerais sobre processos estocásticos | 5

c) Se $A_n \in \mathcal{F}$, $n = 1, 2, \ldots$ forem acontecimentos tais que $A_i \cap A_j = \phi$ $(i \neq j)$, então $P(\bigcup_{n=1}^{\infty} A_n) = \sum_{n=1}^{\infty} P(A_n)$.

O terno $(\Omega, \mathcal{F}, P)$ chama-se **espaço de probabilidade** e a σ-álgebra $\mathcal{F}$ é constituída, em geral, pelos acontecimentos relevantes na experiência aleatória para os quais se pretende determinar a respectiva probabilidade.

Tome-se um subconjunto dos números reais, $E \subset \mathfrak{R}$ e designe-se por $\mathcal{E}$ uma σ-álgebra sobre E. O par $(E, \mathcal{E})$ diz-se um **espaço mensurável**. No quadro de um espaço de probabilidade $(\Omega, \mathcal{F}, P)$ e de um espaço mensurável, uma **variável aleatória** X constitui uma aplicação,

$$X: \Omega \to E,$$

que verifica a condição,

$$X^{-1}(B) \in \mathcal{F}, \quad \forall B \in \mathcal{E}.$$

Uma variável aleatória representa uma aplicação mensurável sobre E, que associa a cada um dos resultados da experiência aleatória um número real. Este conceito desempenha um papel fundamental na Teoria da Probabilidade, porque permite, em particular, introduzir uma medida de probabilidade p_X sobre o espaço mensurável $(E, \mathcal{E})$,

$$p_X(B) = P\left[X^{-1}(B)\right], \quad \forall B \in \mathcal{E}.$$

Através desta medida de probabilidade, define-se a **função de distribuição** de uma variável aleatória X, como uma função $F_X : \mathfrak{R} \to \mathfrak{R}$ tal que,

$$F_X(x) = p_X\left((-\infty, x]\right) = P[X \leq x].$$

6 | Processos estocásticos e aplicações

Numa situação em que a experiência aleatória tenha a possibilidade de ser repetida em condições semelhantes, a função de distribuição da correspondente variável aleatória constitui o modelo probabilístico que descreve essa experiência e é designada, por vezes, como **lei de probabilidade** da variável.

EXEMPLO:

Em geral, admite-se que o tempo de vida de uma componente electrónica pode ser modelado por uma variável aleatória exponencial de função de distribuição da forma,

$$F_X(x) = 1 - e^{-\theta x}, \quad x \geq 0.$$

Esta função representa o modelo probabilístico que permite descrever a experiência aleatória que consiste em observar o valor do tempo de vida de componentes electrónicas perfeitamente análogas, desde que as observações sejam realizadas sempre em condições semelhantes.

No caso em que não seja possível repetir uma experiência aleatória sob condições perfeitamente análogas, em particular, porque a experiência tem comportamentos diferentes segundo as condições em que é realizada, a estrutura probabilística acima referida é insuficiente para descrever este tipo de experiência, sendo necessário alargá-la. O conceito de processo estocástico, que se apresenta de seguida, desenvolve a teoria probabilística de modo a permitir o estudo de experiências com as características que foram mencionadas.

Considere-se um espaço de probabilidade $(\Omega, \mathcal{F}, P)$ e um espaço mensurável $(E, \mathcal{E})$. Seja $T \neq \phi$ um conjunto e para cada $t \in T$ tome-se a variável aleatória $X(t)$, função mensurável de $\Omega \to E$. A família de variáveis aleatórias $\{X(t), t \in T\}$ indexadas pelo parâmetro t designa-se por um **processo estocástico** definido no espaço $(\Omega, \mathcal{F}, P)$ e assumindo valores em $(E, \mathcal{E})$.

O espaço $(\Omega, \mathcal{F}, P)$ representa o **espaço de probabilidade de base** do processo e $(E, \mathcal{E})$ refere-se como **espaço do estados**, em particular, E diz-se o **conjunto dos estados do processo**.

No que diz respeito ao conjunto T, que usualmente se costuma chamar **conjunto de índices do processo**, não se impôs qualquer restrição, a não ser que fosse não vazio. Contudo, quando $T = \{0, \pm 1, \pm 2, ...\}$ ou $T = \{0, 1, 2, ...\}$ o processo estocástico diz-se de **parâmetro ou tempo discreto** e representa-se por $\{X_t, t \in T\}$. Quando $T = \{t : -\infty < t < +\infty\}$ ou $T = \{t : t \geq 0\}$ o processo diz-se de **parâmetro ou tempo contínuo** e utiliza-se a notação geral, $\{X(t), t \in T\}^*$.

No caso em que o conjunto E dos estados for finito ou numerável o processo é designado por **discreto** e se E for infinito não numerável tem-se um processo **contínuo**.

OBSERVAÇÕES:

1. Na nova estrutura probabilística agora definida, os elementos do conjunto Ω, espaço dos resultados, correspondem aos resultados produzidos por uma experiência aleatória que decorre durante todo o período de variação do parâmetro t. Por exemplo, tomando a experiência aleatória que consiste no lançamento sucessivo de uma moeda, um elemento de Ω poderá ser, eventualmente,

$$\omega = (E, E, F, E, F, F, F, ...),$$

onde E e F representam respectivamente as faces "escudo" e "face".

---

* Desde que não haja perigo de confusão utilizaremos indestintamente as notações $X(t)$ ou X_t para representar um processo estocástico $\{X(t), t \in T\}$ ou $\{X_t, t \in T\}$, de modo a aligeirar a escrita.

8 | Processos estocásticos e aplicações

2. Alguns autores, em particular a maior parte dos que são referenciados na Bibliografia, ao introduzir o conceito de processo estocástico mencionam apenas que trata de uma família de variáveis aleatórias que tomam valores num certo conjunto E, conjunto dos estados do processo, sem, contudo, referir o espaço de probabilidades onde as variáveis estão definidas. A definição assim apresentada, apesar de incompleta, é suficiente para os desenvolvimentos teóricos expostos nas respectivas obras e para o estabelecimento dos seus principais resultados. Neste texto, apresenta-se a definição de processo estocástico fazendo referência ao seu espaço de probabilidade de base, $(\Omega, \mathcal{F}, P)$, o que permite uma melhor compreensão deste conceito fundamental nos diferentes contextos em que será utilizado, ou seja, nos casos em que o conjunto dos índices T é numerável ou não numerável. A nota complementar que se segue esclarece de forma mais concisa o conceito de processo estocástico, não sendo, no entanto, essencial para a total compreensão do presente curso.

OBSERVAÇÃO COMPLEMENTAR:

Analise-se detalhadamente cada uma das situações, ou seja, os casos em que o conjunto dos índices T é ou não numerável:

a) Em primeiro lugar, tome-se o conjunto T numerável e admita-se, sem perda de generalidade, $T = \{1, 2, ...\}$. Como tal, considerem-se $j = 1,2,...$ espaços mensuráveis $(E, \mathcal{E})$ e designe-se p_j a projecção de $E^\infty = \prod_{j=1}^{\infty} E$ sobre a sua j-ésima coordenada, isto é,

$$p_j(x_1, x_2, ..., x_j, ...) = x_j, \quad x_j \in E \quad e \quad (x_1, x_2, ..., x_j, ...) \in E^\infty.$$

Seja $(\Omega, \mathcal{F})$ um espaço mensurável, tome-se a aplicação $X : \Omega \to E^\infty$, representem-se por $X_j = p_j \circ X$, $j = 1,2,...$ as aplicações compostas de $\Omega \to E$ e designe-se $\mathcal{E}^\infty = \prod_{j=1}^{\infty} \mathcal{E}$ a σ-álgebra

Noções gerais sobre processos estocásticos | 9

gerada por todos os rectângulos mensuráveis de dimensão finita de E^{∞}*. Nestas condições, prova-se (Ash, 1972) que a aplicação $X : (\Omega, \mathcal{F}) \to (E^{\infty}, \mathcal{E}^{\infty})$ é mensurável ssi cada $X_j : (\Omega, \mathcal{F}) \to (E, \mathcal{E})$ for uma aplicação mensurável.

Deste modo, pode concluir-se que se $X_j, j = 1, 2, \ldots$ são variáveis aleatórias, então $X = (X_1, X_2, \ldots)$ é uma aplicação mensurável de $(\Omega, \mathcal{F}) \to (E^{\infty}, \mathcal{E}^{\infty})$, designada por **sucessão de variáveis aleatórias**. Esta função pode ser representada por $X = \{X_t, t = 1, 2, \ldots\}$, significando que se está perante um **processo estocástico a tempo discreto** definido no espaço de probabilidade de base $(\Omega, \mathcal{F}, P)$ e com espaço de estados $(E, \mathcal{E})$. Caso o conjunto de índices seja finito, $T = \{1, 2, \ldots, n\}$, o processo reduz-se a um **vector aleatório n-dimensional**.

A existência de uma medida de probabilidade P no espaço mensurável $(\Omega, \mathcal{F})$ permite introduzir da forma habitual, para cada variável aleatória $X_j, j = 1, 2, \ldots$, uma medida de probabilidade p_{X_j} no espaço mensurável $(E, \mathcal{E})$, definindo,

$$p_{X_j}(B) = P\left[X_j^{-1}(B)\right] = P\left[(p_j \circ X)^{-1}(B)\right], \quad \forall B \in \mathcal{E}.$$

Um exemplo simples, com $T = \{1, 2\}$, ilustra todo o mecanismo aleatório acabado de descrever: considere-se a experiência aleatória que consiste em lançar duas vezes uma moeda e verificar as faces saídas. O conjunto Ω, constituído pelos resultados possíveis desta experiência, é formado por quatro elementos, a saber,

$$\omega_1 = (E, E), \quad \omega_2 = (E, F), \quad \omega_3 = (F, E) \text{ e } \omega_4 = (F, F),$$

---

* Apesar da notação, $\mathcal{E}^{\infty} = \prod_{j=1}^{\infty} \mathcal{E}$ não representa um produto cartesiano, significa a menor σ-álgebra que contém todos os rectângulos mensuráveis de dimensão finita. Também é usual representar $\mathcal{E}^{\infty} = \bigotimes_{j=1}^{\infty} \mathcal{E}$.

onde E e F representam respectivamente as faces "escudo" e "face". Associando os números reais 0 e 1 a cada uma destas faces, pode-se definir uma aplicação,

$$X : \Omega \to E^2 = \{(0,0),\ (0,1),\ (1,0),\ (1,1)\},$$

tal que,

$$X(\omega_1) = (0,0),\ X(\omega_2) = (0,1),\ X(\omega_3) = (1,0)\ \text{e}\ X(\omega_4) = (1,1)$$

Nestas condições, X representa um vector aleatório bidimensional, $X = (X_1, X_2)$, de componentes,

$$X_1(\omega) = \begin{cases} 0 & \omega \in \{\omega_1, \omega_2\} \\ 1 & \omega \in \{\omega_3, \omega_4\} \end{cases} \quad \text{e} \quad X_2(\omega) = \begin{cases} 0 & \omega \in \{\omega_1, \omega_3\} \\ 1 & \omega \in \{\omega_2, \omega_4\}. \end{cases}$$

Além disso, admitindo que $Prob[E] = p$ e $Prob[F] = 1 - p$, tem-se, em particular,

$$p_X \Big[\{(1,0)\}\Big] = P\Big[\{\omega : X(\omega) = (1,0)\}\Big] = P\Big[\{\omega_3\}\Big] = (1-p)p$$

e

$$p_{X_1} \Big[\{0\}\Big] = P\Big[\{\omega : X_1(\omega) = 0\}\Big] = P\Big[\{\omega_1, \omega_2\}\Big] = p^2 + p(1-p) = p.$$

A generalização deste exemplo a uma experiência aleatória onde se efectuam um número infinito de lançamentos, conduz ao estabelecimento do processo estocástico $\{X_t, t = 1,\ 2,\ ...\}$, em que para cada t a correspondente variável aleatória, valor do t-ésimo lançamento, será uma aplicação $X_t : \Omega \to E = \{0,\ 1\}$ com,

$$p_{X_t}\Big[\{0\}\Big] = P\Big[X_t = 0\Big] = p \quad \text{e} \quad p_{X_t}\Big[\{1\}\Big] = P\Big[X_t = 1\Big] = 1 - p.$$

b) Analise-se o caso de um processo estocástico a tempo contínuo com $T = \{t \geq 0\}$. Para um $t \in T$ arbitrário, seja $(E, \mathcal{E})$ um espaço mensurável. Designe-se $E^T = \prod_{t \in T} E$ o conjunto de todas as funções definidas em T, $x = (x(t), t \in T)$ tais que $x(t) \in E$ para cada $t \in T$ e seja $\mathcal{E}^T = \prod_{t \in T} \mathcal{E}$ a σ-álgebra gerada por todos os rectângulos mensuráveis de dimensão finita de E^T. Considere-se um espaço de probabilidade $(\Omega, \mathcal{F}, P)$ e a aplicação $X : \Omega \to E^T$. Tomando a projecção p_t de $E^T \to E$, isto é, $p_t(x) = x(t)$, então prova-se (Ash, 1972) que $X : (\Omega, \mathcal{F}) \to (E^T, \mathcal{E}^T)$ é mensurável ssi $X(t) = p_t \circ X : (\Omega, \mathcal{F}) \to (E, \mathcal{E})$ for mensurável para todo $t \in T$. Verificadas estas condições, a aplicação $X = \{X(t), t \in T\}$ representa um **processo estocástico a tempo contínuo** definido em $(\Omega, \mathcal{F}, P)$ e espaço de estados $(E, \mathcal{E})$.

Note-se que a definição de processo estocástico refere, na realidade, uma família de funções de dois argumentos $\{X(t, \omega), t \in T, \omega \in \Omega\}$, a qual é representada pela notação anteriormente referida. Nestas circunstâncias, para cada valor fixo $t \in T$, $X(t,.)$ é uma variável aleatória definida em Ω. Por outro lado, pode-se definir uma função de t que para cada valor t assume um valor em E da variável aleatória $X(t)$. Esta função, designada genericamente por $X(.,w)$, representa uma possível observação do processo estocástico e chama-se **realização** ou **trajectória** do processo. A figura abaixo ilustra uma trajectória particular de um processo estocástico:

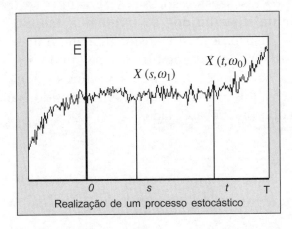
Realização de um processo estocástico

12 | Processos estocásticos e aplicações

O conjunto formado pelos sucessivos valores de uma trajectória de um processo estocástico referentes a um período limitado do tempo chama-se **série temporal**, tradução do termo inglês *time series*. Na maioria das situações práticas, observa-se a trajectória durante um período $T = \{1, 2, ..., n\}$ e diz-se que se está perante uma **sucessão cronológica**. A representação gráfica de uma série temporal é designada por **cronograma**. A **Teoria das Séries Temporais** constitui uma área da estatística dos processos estocásticos, com efeito, partindo da informação fornecida por uma determinada série temporal, pretende-se, em geral, inferir sobre o tipo de processo estocástico que permite descrever a série em análise, ou seja, encontrar um modelo de modo que se possam prever comportamentos futuros do fenómeno aleatório em estudo.

A descrição em termos probabilísticos de um processo estocástico $\{X(t), t \in T\}$, isto é, o estabelecimento da sua **lei de probabilidade**, é realizado através da especificação da função de distribuição conjunta de n variáveis aleatórias $X(t_1), ..., X(t_n)$ para todos os inteiros n, todos os n pontos $t_1, ..., t_n$ pertencentes a T e para qualquer conjunto de números reais $x_1, ..., x_n$:

$$F(x_1, ..., x_n) = P\left[X(t_1) \leq x_1, ..., X(t_n) \leq x_n\right].$$

Pode-se, então, passar às seguintes duas definições. Dir-se-á que dois processos estocásticos $\{X(t), t \in T\}$ e $\{Y(t), t \in T\}$ são **identicamente distribuídos** se tiverem a mesma família de funções de distribuição dimensionalmente finitas. E os dois processos dizem-se **independentes** se qualquer que seja o inteiro n e os pontos $t_1, ..., t_n$, os vectores $(X(t_1), ..., X(t_n))$ e $(Y(t_1), ..., Y(t_n))$ forem independentes no sentido habitual definido na Teoria da Probabilidade.

EXEMPLOS:

1. Tome-se uma sucessão de variáveis aleatórias independentes, $\{\varepsilon_n, n = 1, 2, ...\}$ e defina-se o processo

$\{S_n = \varepsilon_1 + ... + \varepsilon_n, n = 1, 2, ...\}$. Este processo é conhecido como **passeio aleatório**, podendo também ser representado por $S_n = S_{n-1} + \varepsilon_n$. A razão de ser do nome deste processo tem a ver com a seguinte ideia genérica: um indivíduo desloca-se sobre uma linha recta, que poderá ser considerada como o eixo dos números reais, e inicia o seu passeio ($n = 0$) no valor zero. No instante seguinte ($n = 1$), passa para um determinado ponto do eixo de acordo com o valor assumido pela variável aleatória ε_1 e designe-se por S_1 o local aleatório onde se encontra nesse instante. Em seguida ($n = 2$), desloca-se para outro ponto segundo o valor de ε_2, passando a ser a sua coordenada no eixo S_2. Procedendo de forma continuada com este esquema de deslocações, ao fim de n instantes encontrar-se-á na posição aleatória $S_n = S_{n-1} + \varepsilon_n$, que representa o deslocamento efectuado pelo indivíduo desde a posição inicial, resultado de um "passeio aleatório" sobre a recta real. A figura seguinte representa o cronograma resultante da simulação de uma série temporal correspondente a um passeio aleatório formado a partir de variáveis aleatórias independentes $\{\varepsilon_n, n = 1, 2, ...\}$ com distribuição normal de valor médio nulo e variância 0.001.

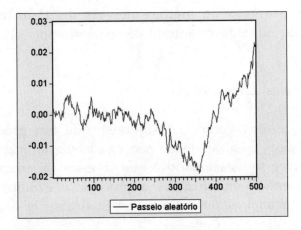

O processo de passeio aleatório é, por vezes, indicado para modelar certo tipo de séries financeiras, a título de ilustração, considere-se a série dos activos financeiros da BRISA durante um certo período de 247 dias, cujo cronograma vem dado por,

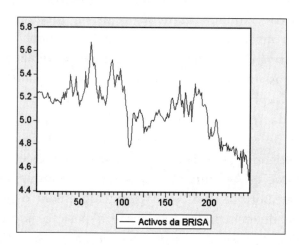

Verifica-se, através da teoria das séries temporais, que esta série pode ser descrita através de um processo de passeio aleatório.

2. Seja $\{\varepsilon_n, n=1,2,...\}$ uma sucessão de variáveis aleatórias IID. O processo $X_n = \varepsilon_n - \theta\varepsilon_{n-1}$ com $|\theta|<1$ designa-se por **processo de médias móveis de 1ª ordem**, MA(1), muito utilizado no estudo de séries temporais.

3. Processos estacionários

Em termos gerais, considera-se que um processo cujas características de aleatoriedade não se alteram ao longo do tempo é um **processo estacionário** e que se essas características sofrerem constantes modificações o processo é **evolutivo**. Existem diversas maneiras de definir matematicamente a estacionaridade de um processo, umas mais restrictivas do que outras, e neste parágrafo iremos abordar as mais comuns.

Assim, diz-se que um processo estocástico $X(t)$ é **fortemente ou estritamente estacionário de ordem k**, com k um inteiro positivo, se qualquer que seja o conjunto de k pontos $t_1, \ldots, t_k$ em T e para todo o h tal que $t_i + h \in T$, $i = 1, \ldots, k$, os vectores aleatórios de dimensão k, $\left(X(t_1), \ldots, X(t_k) \right)$ e $\left(X(t_1 + h), \ldots, X(t_n + h) \right)$, são identicamente distribuídos. O processo será **fortemente ou estritamente estacionário** se for fortemente estacionário de ordem k, para todo o inteiro k.

Um processo $X(t)$ diz-se **estacionário em média** se,

$$E[X(t)] = \mu, \quad \forall t \in T.$$

Um processo $X(t)$ diz-se de **covariâncias estacionárias** se possuir sempre segundos momentos finitos e se $k(s,t) = \text{cov}\left(X(s), X(t) \right)$, para todo $s \leq t \in T$, é apenas função da diferença entre os instantes, $(t\text{-}s)$, ou seja,

$$k(s,t) = \gamma(t - s)$$

ou ainda,

$$k(t,t + u) = \gamma(u), \quad u \geq 0, \qquad \text{tal que} \qquad t + u \in T.$$

Como consequência desta definição, verifica-se que um processo de covariâncias estacionárias terá necessariamente variância constante,

$$\text{var}[X(t)] = \gamma(0), \quad \forall t \in T.$$

16 | Processos estocásticos e aplicações

Conjugando as duas últimas definições, é usual definir a **estacionaridade até à 2ª ordem** de um processo X(*t*) quando se tem,

$$E\left[X^2(t)\right] < \infty$$

$$E\left[X(t)\right] = \mu, \forall t$$

$$\text{cov}(X(t), X(t+h)) = \gamma(h).$$

OBSERVAÇÕES:

1. A definição de processo fortemente estacionário implica, em particular, que as variáveis aleatórias X(*t*), vector unidimensional, tenham a mesma distribuição de probabilidade qualquer que seja o instante *t* considerado. Implica também, por exemplo, que o par aleatório $\left(X(t), X(s)\right)$ é identicamente distribuído para todos os instantes *t* e *s*, desde que estes instantes, em simultâneo, sejam igualmente desfasados no tempo, significando que a distribuição de probabilidade dos pares aleatórios é sempre a mesma quando o desfasamento (*t-s*) for igual. Ou seja, a lei de probabilidade de $\left(X(t), X(t+h)\right)$ é independente de *t*, dependendo apenas do incremento *h*. Um raciocínio semelhante pode ser estabelecido para vectores de dimensão $k > 2$, traduzindo que se está perante uma característica de aleatoridade do processo não alterável ao longo do tempo.

2. No caso de um processo estacionário em média, o seu valor médio não evolui ao longo do tempo, apresenta--se constante. De acordo com esta definição, verifica-se que a característica de aleatoridade que não evolui com o tempo é a média do processo.

3. Nos processos de covariâncias estacionárias, constata-se que pares de variáveis mantêm a mesma covariân-

Noções gerais sobre processos estocásticos | 17

cia desde que estejam igualmente desfasadas, sendo o valor desta covariância dependente apenas do desfasamento e não do tempo.

4. Facilmente se demonstra que processo fortemente estacionário é estacionário em média e em covariâncias, desde que existam os respectivos segundos momentos.

EXEMPLOS:

1. Uma sucessão $\{\varepsilon_n\}$ de variáveis aleatórias IID, representa um processo fortemente estacionário.

2. Seja $\{\varepsilon_n, n = 1,2,...\}$ um processo estocástico tal que cov $(\varepsilon_t, \varepsilon_s) = 0, t \neq s$ e suponha-se que $E[\varepsilon_t] = 0$ e var$[\varepsilon_t] = \sigma^2$, $\forall t$. Este processo é estacionário de $2^{\underline{a}}$ ordem, sendo usualmente designado por processo de **ruído branco** e tem uma importante utilização na teoria das séries temporais, em particular, na construção dos modelos desenvolvidos por Box e Jenkins em 1972.

3. O processo de médias móveis de primeira ordem, MA(1), $X_n = \varepsilon_n - \theta\varepsilon_{n-1}$ com $\{\varepsilon_n\}$ IID, é um processo estacionário de $2^{\underline{a}}$ ordem.

4. Processos de incrementos independentes e estacionários

Um processo estocástico a tempo contínuo $\{X(t), t \geq 0\}^*$ diz-se de **incrementos independentes** se X(0)=0 e para quais-

---

* Com as devidas adaptações a definição é válida para processos a tempo discreto, X_t.

18 | Processos estocásticos e aplicações

quer que sejam os instantes $t_0 < t_1 ... < t_n$, as n variáveis aleatórias,

$$X(t_1) - X(t_0), ..., X(t_n) - X(t_{n-1})$$

são independentes. Desta definição resulta, em particular, que para um processo deste tipo, as variáveis aleatórias $X(t') - X(t)$ e $X(t)$ são independentes quando se toma $0 < t < t'$.

OBSERVAÇÃO:

A definição apresentada contem uma condição aparentemente muito restritiva, a saber, $X(0) = 0$. No entanto, apenas foi estabelecida por convenção e para facilitar a exposição dos desenvolvimentos teóricos que se seguem, havendo, por isso, autores que a contemplam e outros não. Contudo, em qualquer das situações, o que no essencial caracteriza esta definição reside no comportamento probabilístico das variáveis aleatórias incremento, que devem ser independentes, facto comum nas diferentes definições.

No caso em que as variáveis aleatórias,

$$X(t_2 + h) - X(t_1 + h) \quad e \quad X(t_2) - X(t_1)$$

com t_1 e t_2 quaisquer e para todo $h > 0$ tal que $t_i + h \in T$, $i = 1,2$, têm a mesma distribuição, o processo diz-se de **incrementos estacionários**.

A propriedade seguinte pode ser estabelecida sem dificuldade, sendo a sua demonstração proposta como exercício no final do capítulo e exposta na secção dedicada à resolução dos exercícios:

Propriedade 1: *Seja X(t) um processo com incrementos independentes. Então a função característica do vector aleatório $\left(X(t_1),...,X(t_n)\right)$, qualquer que seja a sua dimensão e os instantes considerados, é tal que,*

$$\varphi_{X(t_1),...,X(t_n)}(u_1,...,u_n) =$$

$$= \varphi_{X(t_1)}(u_1 + ... + u_n) \prod_{k=2}^{n} \varphi_{X(t_k)-X(t_{k-1})}(u_k + ... + u_n).$$

Como consequência desta propriedade, pode-se concluir, na presença de um processo com incrementos independentes, que o conhecimento das leis de probabilidade das variáveis aleatórias $X(t)$ e $X(t)-X(s)$ para todo o s e t permite deduzir a lei de probabilidade de qualquer vector aleatório $\left(X(t_1),...,X(t_n)\right)$, ficando, deste modo, completamente estabelecida a lei de probabilidade do processo.

Propriedade 2: *Seja X(t) um processo de incrementos independentes e estacionários, então existe uma constante σ não negativa tal que,*

$$Var\left[X(t)-X(s)\right] = \sigma^2 |t-s|, \quad t \geq s \geq 0$$

DEMONSTRAÇÃO:

Designe-se $f(t) = Var\left[X(t)\right]$ e verifiquemos, em primeiro lugar, que esta função satisfaz a seguinte equação funcional:

$$f(t_1 + t_2) = f(t_1) + f(t_2)$$

Com efeito, sem perda de generalidade tome-se os instantes $0 < t_1 < t_2 < t_1 + t_2$, nestas condições,

i) como $X(t)$ tem incrementos estacionários, as variáveis aleatórias $X(t_2) - X(0)$ e $X(t_1 + t_2) - X(t_1)$ são identicamente distribuídas, portanto,

$$Var\left[X(t_1 + t_2) - X(t_1)\right] = Var\left[X(t_2)\right];$$

ii) o facto de $X(t)$ ter incrementos independentes, leva a que as variáveis $X(t_1 + t_2) - X(t_1)$ e $X(t_1)$ sejam independentes, deste modo,

$$Var\left[X(t_1 + t_2) - X(t_1) + X(t_1)\right] =$$
$$= Var\left[X(t_1 + t_2) - X(t_1)\right] + Var\left[X(t_1)\right].$$

A conjugação das condições i) e ii) leva a concluir,

$$Var\left[X(t_1 + t_2)\right] = Var\left[X(t_2)\right] + Var\left[X(t_1)\right]$$

ou seja, $f(t_1 + t_2) = f(t_1) + f(t_2)$.

Sabe-se da teoria das equações funcionais que, para uma função $f(t) \geq 0$, $\forall t \geq 0$ e que satisfaça a equação funcional acima referida, existe uma constante c, não negativa, de tal forma que a função é linear, $f(t) = ct$. A função $f(t) = Var\left[X(t)\right]$ encontra-se nessas condições. Pode-se, assim, concluir que existirá uma constante, σ^2, de forma tal que se pode escrever,

$$Var\left[X(t)\right] = \sigma^2 t,$$

Noções gerais sobre processos estocásticos | 21

e portanto, pela condição *i*),

$$Var\left[X(t) - X(s)\right] = Var\left[X(t-s)\right] = \sigma^2 \left|t - s\right|$$

♦

5. Processos de Markov

De uma forma geral, um processo de Markov é um processo em que a probabilidade de assumir um qualquer comportamento futuro, quando o seu estado presente é conhecido, não é alterada pelo conhecimento adicional respeitante ao seu passado. Em termos formais diz-se que um **processo** é **de Markov** * se,

$$P\left[a < X(t) \le b \middle| X(t_1) = x_1, ..., X(t_k) = x_k\right] =$$

$$= P\left[a < X(t) \le b \middle| X(t_k) = x_k\right]$$

sempre que $t_1 < t_2 < ... < t_k < t \in$ T.

EXEMPLO:

1. Designe-se por $N(t)$ o número de acidentes de viação no intervalo $(0,t]$. Se observarmos $N(t_1) = n_1, ..., N(t_k) = n_k$, com $t_1 < t_2 < ... < t_k < t$, tem-se que $N(t)$ apenas depende do estado do processo no último instante observado, t_k, sendo, por isso, um processo de Markov. Com efeito,

$$N(t) = N(t_k) + N(t_k, t)$$

---

* Com as devidas adaptações a definição é válida para processos a tempo discreto, X_t.

onde $N(t_k,t)$ representa o número de acidentes decorridos no intervalo $(t_k,t]$.

2. O **processo autoregressivo de ordem 2**, AR(2),

$$X_n = \phi_1 X_{n-1} + \phi_2 X_{n-2} + \varepsilon_n$$

com $\{\varepsilon_n, n=,1,...\}$ sucessão de variáveis IID, é um processo não markoviano.

Da definição anterior resulta a seguinte propriedade de fácil demonstração, proposta como exercício no final do capítulo e efectuada na secção dos exercícios resolvidos:

Propriedade 3: *Um processo de incrementos independentes com* $t \geq 0$ *ou* $t = 0,1,2...$ *é um processo de Markov.*

Seja A um intervalo da recta real. A função

$$P(x,s;t,A) = P\left[X(t) \in A | X(s) = x\right], \quad t > s$$

chama-se **função probabilidade de transição**. Nestas circunstâncias, tomando A=(a,b], o processo é de Markov se,

$$P\left[X(t) \in A | X(t_1) = x_1,..., X(t_k) = x_k\right] = P\left(x_k, t_k; A, t\right)$$

Os processos de Markov podem, em particular, ser classificados de acordo com a natureza do seu parâmetro (discreto ou contínuo) e a natureza do seu espaço dos estados (discreto ou contínuo). Nestas condições, pode-se classificar um processo de Markov de quatro maneiras distintas:

		Espaço dos estados	
		discreto	contínuo
Natureza do parâmetro	discreto	cadeia de Markov a tempo discreto	processo de Markov a tempo discreto
	contínuo	cadeia de Markov a tempo contínuo	processo de Markov a tempo contínuo ou processo de difusão

Neste texto em capítulos posteriores, vai-se estudar com maior incidência apenas os dois tipos de **cadeias de Markov** mencionados, ou seja, os processos de Markov cujo espaço dos estados é discreto, com conjunto E finito ou numerável. O único processo de Markov com espaço dos estados contínuo que será referido é o processo de Wiener que, como adiante se verá, constitui um processo de difusão.

Um processo de Markov diz-se que tem **probabilidades de transição estacionárias** ou é **homogéneo no tempo** se a probabilidade $P(x_k, t_k; A, t)$ depende apenas da diferença entre os instantes, $t - t_k$.

6. Processo de Wiener

O processo de Wiener permite estudar diversos tipos de fenómenos aleatórios, sendo o seu campo de aplicações bastante vasto, destacando-se, em particular e historicamente, a sua utilização como modelo para representar o movimento browniano, ou seja, o movimento descrito por uma partícula imersa num líquido, devido aos impactos das moléculas desse líquido sobre essa partícula. Este processo é por vezes utilizado para descrever certos movimentos de preços em mercados bolsistas.

Um processo a tempo contínuo $\{X(t), t \geq 0\}$ diz-se um **processo de Wiener** se,

a) $X(t)$ tem incrementos independentes e estacionários;
b) $X(t)$ tem distribuição normal, $\forall t > 0$;
c) $E[X(t)] = 0$, $\forall t > 0$.

OBSERVAÇÃO:

Como o processo de Wiener tem incrementos independentes, segue-se que $X(0)=0$.

24 | Processos estocásticos e aplicações

Tendo em conta que este processo $X(t)$ tem incrementos independentes, a Propriedade 1 anteriormente referida, diz que basta conhecer, neste caso, a lei de probabilidade do incremento $X(t) - X(s)$, $s < t$, para ficar estabelecida a lei do processo de Wiener.

Ora, $X(t) - X(s)$ é uma variável aleatória normal de valor médio nulo, $E[X(t) - X(s)] = 0$, deste modo, a lei de probabilidade do incremento fica completamente estabelecida através do conhecimento da sua variância. A aplicação da Propriedade 2 ao caso particular do processo de Wiener leva a concluir, por se tratar de um processo de incrementos independentes e estacionários, que aquele incremento terá uma distribuição normal com variância conhecida, ou seja, $N(0, \sigma^2 |t - s|)$.

No que se refere à estacionaridade, verifica-se que o processo de Wiener é estacionário em média, $E[X(t)] = 0$, $\forall t > 0$, mas, no entanto, não é de covariâncias estacionárias, uma vez que, tomando $0 < s < t$,

$$\text{cov}(X(t), X(s)) = \frac{\{\text{var}[X(t)] + \text{var}[X(s)] - \text{var}[X(t) - X(s)]\}}{2}$$

$$= \frac{[\sigma^2 t + \sigma^2 s - \sigma^2 (t - s)]}{2}$$

$$= \sigma^2 s,$$

ou seja, em situações gerais, $\text{cov}(X(t), X(s)) = \sigma^2 \min\{s, t\}$, o que mostra que não é uma função da diferença entre os instantes.

Aliás, esta constatação está de acordo com o facto de o processo de Wiener não ser fortemente estacionário, com efeito, tem-se, em particular, que as variáveis $X(t)$ e $X(t + h)$ não são identicamente distribuídas. A primeira segue uma lei normal $N(0, \sigma^2 t)$ e a segunda uma lei $N(0, \sigma^2 (t + h))$.

Em resumo, pode-se dizer que o processo de Wiener, por ter incrementos independentes, é um processo de Markov, a tempo contínuo, consequentemente um processo de difusão, e fracamente estacionário.

Observação:

Um **processo** $\{X(t), t \in T\}$ diz-se **gaussiano** se para todo o inteiro n e qualquer que seja o subconjunto $\{t_1, ..., t_n\} \subset T$, o vector aleatório $(X(t_1), ..., X(t_n))$ é normal n-dimensional, ou seja, tem função característica dada por,

$$\Phi_{X(t_1),...,X(t_n)}(u_1,...,u_n) =$$

$$= \exp\left\{ i \sum_{j=1}^{n} u_j \, E\left[X(t_j)\right] - \frac{1}{2} \sum_{k=1}^{n} \sum_{j=1}^{n} u_j u_k \, \text{cov}\left[X(t_j), X(t_k)\right] \right\}.$$

Com facilidade se verifica que o processo de Wiener é um caso particular de um processo gaussiano a tempo contínuo.

7. Processo de Poisson

O domínio das aplicações do processo de Poisson é vasto e abrange um grande número de ciências. Encontramos na ciência económica e na gestão algumas das mais significativas: chegada de clientes a determinado serviço, saída de um produto em estoque num armazém, partidas de aviões num aeroporto, ocorrência de acidentes, etc.

Pode-se descrever este tipo de fenómenos aleatórios através de uma **função de contagem** designada por $N(t)$, $t \geq 0$, que representa o número de vezes que determinado acontecimento ocorre no intervalo de tempo $(0,t]$. Para cada instante t, $N(t)$ é uma variável aleatória e $\{N(t), t \geq 0\}$ será o correspondente processo estocástico cujo o espaço dos estados é o conjunto dos números inteiros não negativos $E = \{0, 1, 2, ...\}$. Este processo designa-se por **processo de valores inteiros**, sendo o processo de Poisson um seu caso particular.

Um processo de valores inteiros $\{N(t), t \geq 0\}$ diz-se um **processo de Poisson** de **intensidade ou taxa média** ν se,

a) $\{N(t), t \geq 0\}$ tem incrementos independentes;

b) Para todo $s < t$, $N(t) - N(s)$ que representa o número de acontecimentos ocorridos no intervalo de tempo $(s,t]$, segue uma distribuição de Poisson de valor médio $\nu(t - s)$.

OBSERVAÇÃO:

Num processo de Poisson tem-se $N(0) = 0$, por ser de incrementos independentes, o que significa que se inicia o processo de contagem dos acontecimentos a partir de zero.

Como consequência da definição tem-se,

$$P\left[N(t) - N(s) = k\right] = e^{-\nu(t-s)} \frac{\left[\nu(t-s)\right]^k}{k!}, \quad k = 0,1,2,...$$

$$E\left[N(t) - N(s)\right] = \nu(t - s)$$

$$Var\left[N(t) - N(s)\right] = \nu(t - s).$$

Nestas circunstâncias, ν representa a taxa média de ocorrência de acontecimentos por unidade de tempo,

$$E\left[N(1)\right] = \nu.$$

Verifica-se, sem dificuldade, que o processo de Poisson é de incrementos estacionários. Além disso, demonstra-se de forma análoga à do processo de Wiener que,

$$k(s,t) = \text{cov}\big(N(s), N(t)\big) = v\min\{s,t\}.$$

Constata-se assim, que o processo de Poisson não satisfaz nenhumas das definições de estacionaridade, com efeito, o seu valor médio é função de t, a covariância não é função da diferença dos instantes considerados e as variáveis aleatórias $N(t)$ e $N(t+h)$ são de Poisson de parâmetros vt e $v(t+h)$, respectivamente. Está-se perante uma cadeia de Markov a tempo contínuo evolutiva.

EXEMPLO:

Admita-se que o número de clientes que se dirigem por hora a uma agência bancária se processa de acordo com um processo de Poisson, mais precisamente, que o número de clientes que chegam à agência no período de tempo $(0,t]$ é um processo de Poisson de intensidade v, designado por $N(t)$. Suponha-se que se estimou, para um período de uma hora, que a probabilidade de chegarem 15 clientes toma o valor 0.0516 e a de chegarem 16 clientes o valor 0.0646. Nestas circunstâncias, tem-se,

$$\frac{P[N(1)=16]}{P[N(1)=15]} = \frac{v}{16} = 1.252 \Rightarrow v = E[N(1)] \approx 20 \text{ ,}$$

significando que em média chegam a essa agência cerca de 20 clientes por hora, o que permite concluir que o número médio de clientes que acorrem à agência durante o período em que está aberta diariamente ao público (6 horas) será,

$$E[N(6)] = 20 \times 6 = 120.$$

A figura que se segue mostra o cronograma de uma simulação do processo $N(t)$ durante os primeiros 42 minutos desde a abertura da agência, onde cada salto do processo corresponde a uma nova chegada de um cliente.

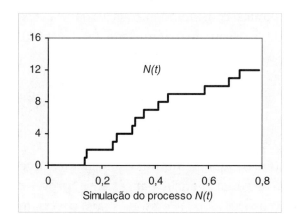

Simulação do processo $N(t)$

EXERCÍCIOS:

❶. Demonstre a Propriedade 1 do §4.

❷. Demonstre a Propriedade 3 do §5.

❸. Considere o processo MA(1), $X_n = \varepsilon_n - \theta\varepsilon_{n-1}$ com $\{\varepsilon_n\}$ IID tal que $E[\varepsilon_n] = 0$. Calcule a função autocovariância, $\text{cov}(X_n, X_{n+h}) = \gamma(h)$.

❹. Seja $\{N(t), t \geq 0\}$ um processo de Poisson de intensidade ν. Determine $E[N(t)N(t+s)]$.

❺. O volume de vendas de um determinado produto constitui um processo de Poisson com volume médio de vendas de 4 unidades por dia.

    a) Qual a probabilidade de que em dois dias se vendam exactamente 6 unidades?

    b) Qual a probabilidade de que em dois dias se vendam mais do que 6 unidades?

    c) Determine o volume médio de vendas semanal.

    d) Qual a probabilidade de que um armazenamento de 4 unidades dure menos do que um dia?

❻. Seja $\{X(t), t \geq 0\}$ um processo de Poisson de intensidade ν. Tendo observado este processo no intervalo $(0,t]$, prove que $\dfrac{X(t)}{t}$ é um estimador consistente de ν.

Capítulo II

Processos de contagem

1. Introdução

Um **processo de contagem** é um processo $\{N(t), t \geq 0\}$ de valores inteiros definido a partir de uma função de contagem, que irá contar o número de pontos, gerados através de um qualquer mecanismo aleatório, que ocorrem em determinado intervalo de tempo. No caso mais usual, estes pontos representam instantes no tempo $\tau_1, \tau_2, \dots$ $(0 < \tau_1 < \tau_2 < \dots)$ correspondentes à ocorrência de um determinado acontecimento aleatório.

O processo de Poisson é um exemplo típico de um processo de contagem, onde, entre outras características, o número de acontecimentos que ocorrem num certo intervalo de tempo, coincide com o número de instantes no tempo associados à ocorrência de cada um desses acontecimentos. Este processo vai desempenhar um papel de relevo no conjunto dos processos de contagem. De facto, não só é o processo mais frequentemente utilizado como modelo de contagem de acontecimentos aleatórios, como, a partir dele, se podem construir outros tipos de processos de contagem, como adiante se verá.

À sucessão de variáveis aleatórias,

$$T_1 = \tau_1, T_2 = \tau_2 - \tau_1, \dots, T_n = \tau_n - \tau_{n-1} \dots$$

designa-se por sucessão dos **tempos entre chegadas**, uma vez que T_n vai representar o tempo decorrido entre as ocorrências do $(n-1)$-ésimo acontecimento e do n-ésimo acontecimento. A sucessão,

$$\tau_1 = T_1, \tau_2 = T_1 + T_2, ..., \tau_n = T_1 + ... + T_n, ...$$

refere-se como a sucessão dos **tempos de espera**, atendendo a que τ_n representa o tempo que se terá de esperar até que se realize o n-ésimo acontecimento.

Neste capítulo, vai-se proceder, em primeiro lugar, ao estudo detalhado do processo de Poisson, introduzindo uma axiomática que o caracteriza e que permite, em situações práticas, identificá-lo como modelo que descreve certo tipo de fenómenos aleatórios. Em segundo lugar, aborda-se o estudo de outros processos de contagem derivados do processo de Poisson. Apresenta-se, em seguida, o estudo das sucessões de variáveis aleatórias $\{T_n, n=1,2,...\}$ e $\{\tau_n, n=1,2,...\}$, concluindo-se com um estudo resumido dos processos de contagem dos renovamentos.

2. Axiomática do processo de Poisson

Seja $\{N(t), t \geq 0\}$ um processo de contagem, em que $N(t)$ representa o número de acontecimentos que ocorrem no intervalo de tempo $(0,t]$, e suponham-se válidos os seguintes axiomas:

A1. $\{N(t), t \geq 0\}$ tem incrementos independentes;

A2. Para todo $t > 0$,

$$0 < P[N(t) > 0] < 1 ;$$

A3. Para todo $t \geq 0$,

$$\lim_{h \to 0} \frac{P\left[N(t+h) - N(t) \geq 2\right]}{P\left[N(t+h) - N(t) = 1\right]} = 0 \ ;$$

A4. $\{N(t), t \geq 0\}$ tem incrementos estacionários.

OBSERVAÇÕES:

1. O facto do processo ser de incrementos independentes implica que $N(0) = 0$, o que significa que o axioma A1, em particular, estipula que os acontecimentos começam a ser contados a partir do instante $t = 0$. Além disso, este axioma traduz que o número de acontecimentos que ocorrem em dois intervalos disjuntos são independentes.

2. O axioma A2 significa que, em qualquer intervalo de tempo, por maior ou menor que seja, existe uma probabilidade não nula de que o acontecimento ocorra, mas, apesar disso, não é certo que ele ocorra.

3. O axioma A3 traduz que em intervalos suficientemente pequenos, no máximo um acontecimento pode ocorrer e, por isso, não é possível a ocorrência simultânea de acontecimentos.

4. O axioma A4 implica, em particular, que o número médio de acontecimentos é igual para intervalos com a mesma amplitude.

As aplicações práticas de um processo de contagem com as características acima mencionadas são múltiplas: contagem do número de navios que afluem diariamente a um porto; contagem do número de veículos que se abastecem em determinado dia num posto de gasolina; contagem do número de chamadas telefónicas recebidas por um telemóvel durante certo período do dia; contagem do número de avarias sofridas por uma máquina ao longo de um ano, etc. Em todos estes exemplos percebe-se que, em situações gerais, os axiomas anterior-

34 | Processos estocásticos e aplicações

mente referidos podem ser considerados verificados, o que significa que representam um bom ponto de partida para se proceder à modelação de tais fenómenos aleatórios.

Mais adiante, ir-se-á verificar que um processo de contagem que satisfaça aqueles axiomas é necessariamente um processo de Poisson. Contudo, para o estabelecimento deste resultado vai-se recorrer aos seguintes dois lemas auxiliares:

Lema 1[*]: *Seja $f(t)$, $t > 0$ uma função real que satisfaça a equação funcional,*

$$f(t_1 + t_2) = f(t_1).f(t_2), \quad \forall t_1, t_2 > 0$$

e que, além disso, é limitada para todo o intervalo limitado. Então, a função é identicamente nula, $f(t) \equiv 0$, $\forall t$ ou existe uma constante $v > 0$ tal que,

$$f(t) = e^{-vt}, \quad \forall t > 0 .$$

Lema 2: *Seja $\{N(t), t \geq 0\}$ um processo de contagem satisfazendo os axiomas A1-A4. Então existe uma constante positiva v tal que,*

$$\lim_{h \to 0} \frac{1 - P[N(h) = 0]}{h} = v$$

$$\lim_{h \to 0} \frac{P[N(h) = 1]}{h} = v$$

$$\lim_{h \to 0} \frac{P[N(h) \geq 2]}{h} = 0.$$

---

[*] Ver demonstração deste lema em Parzen (1999).

DEMONSTRAÇÃO:

Designe-se,

$$P_0(t) = P[N(t) = 0].$$

Como $N(t)$ é um processo de contagem vem,

$$P_0(t_1 + t_2) = P\left[N(t_1 + t_2) - N(t_1) = 0 \text{ e } N(t_1) = 0\right],$$

em virtude do processo ser de incrementos independentes,

$$P_0(t_1 + t_2) = P\left[N(t_1 + t_2) - N(t_1) = 0\right] P\left[N(t_1) = 0\right],$$

e uma vez que o processo é de incrementos estacionários e $N(0) = 0$,

$$P_0(t_1 + t_2) = P\left[N(t_2) - N(0) = 0\right] P\left[N(t_1) = 0\right].$$

Ou seja,

$$P_0(t_1 + t_2) = P_0(t_1).P_0(t_2).$$

Fazendo apelo ao Lema 1, ter-se-á,

$$P_0(t) \equiv 0, \quad \forall t \text{ ou } \exists v > 0 : P_0(t) = e^{-vt}$$

Pelo axioma A2 a função $P_0(t)$ nunca poderá ser identicamente nula, nestas condições, pode-se dizer que existe uma constante v positiva tal que,

$$P_0(t) = e^{-vt}, \quad \forall t > 0$$

Deste modo, o primeiro limite fica calculado,

$$\lim_{h \to 0} \frac{1 - P[N(h) = 0]}{h} = \lim_{h \to 0} \frac{1 - e^{-vh}}{h} = v.$$

Seja agora,

$$P_1(t) = P[N(t) = 1] \text{ e } Q(t) = P[N(t) \geq 2],$$

tem-se então,

$$P_0(t) + P_1(t) + Q(t) = 1,$$

donde,

$$\frac{P_1(h)}{h}\left[1 + \frac{Q(h)}{P_1(h)}\right] = \frac{1 - P_0(h)}{h}.$$

Ora pelo axioma A3,

$$\lim_{h \to 0} \frac{Q(h)}{P_1(h)} = 0,$$

vindo portanto,

$$\lim_{h \to 0} \frac{P_1(h)}{h} = \nu,$$

o que prova o segundo limite, tendo-se como consequência que o terceiro limite vem,

$$\lim_{h \to 0} \frac{P[N(h) \geq 2]}{h} = \lim_{h \to 0} \frac{1 - P[N(h) = 0] - P[N(h) = 1]}{h} = 0.$$

♦

O estabelecimento do lema acabado de demonstrar permite, agora, enunciar o seguinte teorema:

Teorema 1: *Um processo de contagem $\{N(t), t \geq 0\}$ satisfazendo os axiomas A1-A4 é um processo de Poisson de intensidade v.*

DEMONSTRAÇÃO:

Como o processo tem incrementos estacionários, $N(t) - N(s)$ é identicamente distribuído a $N(t-s)$, basta, por isso, verificar, para demonstrar o teorema, que para cada $t > 0$, $N(t)$ tem distribuição de Poisson de parâmetro vt, ou seja, que a função geradora de probabilidades de $N(t)$ é da forma,

$$\Psi(z,t) = E\left[z^{N(t)}\right] = e^{vt(z-1)}, \text{ para } |z| < 1,$$

com

$$\Psi(z,t) = \sum_{k=0}^{\infty} z^k P[N(t) = k].$$

Uma vez que o processo é de incrementos independentes e estacionários, tem-se,

$$E\left[z^{N(t+h)}\right] = E\left[z^{N(t+h)-N(t)}\right] E\left[z^{N(t)}\right]$$

$$= E\left[z^{N(h)}\right] E\left[z^{N(t)}\right],$$

ou seja, a função geradora de probabilidades satisfaz a igualdade,

$$\Psi(z,t+h) = \Psi(z,t) \, \Psi(z,h).$$

Portanto, vem,

$$\frac{1}{h}\{\Psi(z,t+h)-\Psi(z,t)\}=\Psi(z,t)\frac{1}{h}\{\Psi(z,h)-1\}. \qquad (2.1)$$

Prove-se agora que,

$$\lim_{h\to 0}\frac{1}{h}\{\Psi(z,h)-1\}=v(z-1). \qquad (2.2)$$

Com efeito, tendo em conta a definição de função geradora de probabilidades, vem

$$\frac{1}{h}\{\Psi(z,h)-1\}=\frac{1}{h}\{P[N(h)=0]-1\}+$$

$$+z\frac{1}{h}P[N(h)=1]+\frac{1}{h}\sum_{k=2}^{\infty}z^{k}\,P[N(h)=k]$$

e tomando $|z|<1$, obtém-se,

$$\sum_{k=2}^{\infty}z^{k}P[N(h)=k]\le\sum_{k=2}^{\infty}P[N(h)=k]=P[N(h)\ge 2].$$

Então, pelo Lema 2, verifica-se (2.2), o que implica, fazendo $h\to 0$ em (2.1), que a função geradora satisfaz para $|z|<1$ a equação diferencial,

$$\frac{\partial}{\partial t}\Psi(z,t)=v(z-1)\,\Psi(z,t),$$

sujeita à condição inicial $\Psi(z,0)=1$.

Ora, pela teoria das equações diferenciais sabe-se que a solução desta equação é da forma,

$$\Psi(z,t) = e^{vt(z-1)}, \quad |z| < 1.$$

♦

OBSERVAÇÃO:

Viu-se que num processo de Poisson se tinha, $E[N(t+h) - N(t)] = vh$, $\forall t$ e $h > 0$, ou seja, o número médio de acontecimentos em intervalos de igual amplitude h é sempre o mesmo, vh, sendo independente do instante t considerado. Esta é uma das características a que devem satisfazer os fenómenos aleatórios que venham a ser modelados por este processo.

3. Processos de contagem derivados do processo de Poisson

O conjunto de axiomas A1, A2, A3 e A4 leva a definir, como se verificou, o processo de Poisson. O abandono de algum destes axiomas conduz ao estabelecimento de um novo tipo de processo estocástico diferente do de Poisson, mas podendo ser considerado como dele derivado. Em particular, vai-se estudar nesta secção o caso em que o axioma A4 é substituido, dando origem ao processo de Poisson não homogéneo e a situação traduzida por uma ampliação do axioma A3, que permite definir o processo de Poisson generalizado. Além destes novos processos, será apresentado o processo de Poisson composto, onde o processo de Poisson se encontra directamente envolvido.

3.1 *Processo de Poisson não homogéneo*

Um processo $\{N(t), t \geq 0\}$ de valores inteiros satisfazendo os anteriores axiomas A1, A2, A3 e, além destes, A′4:

A′4. Existe uma função $v(t)$ tal que,

$$\lim_{h \to 0} \frac{1 - P[N(t+h) - N(t) = 0]}{h} = v(t),$$

designa-se por **processo de Poisson não homogéneo de função intensidade** $v(t)$.

Teorema 2: *Um processo de Poisson não homogéneo de intensidade $v(t)$ apresenta a seguinte função geradora de probabilidades,*

$$\Psi(z,t) = e^{m(t)(z-1)}, \quad |z| < 1,$$

onde,

$$m(t) = \int_0^t v(s)\,ds$$

DEMONSTRAÇÃO:

Uma vez que o processo tem incrementos independentes tem-se,

$$\Psi(z,t+h) = \Psi(z,t)\, E\left[z^{N(t+h)-N(t)} \right],$$

donde,

$$\frac{1}{h}\{\Psi(z,t+h) - \Psi(z,t)\} = \Psi(z,t)\frac{1}{h}\left\{ E\left[z^{N(t+h)-N(t)} \right] - 1 \right\}.$$

Ora,

$$\frac{1}{h}\left\{E\left[z^{N(t+h)-N(t)}\right]-1\right\}=\frac{1}{h}\left\{P\left[N(t+h)-N(t)=0\right]-1\right\}+$$

$$+z\frac{1}{h}P\left[N(t+h)-N(t)=1\right]+\frac{1}{h}\sum_{k=2}^{\infty}z^{k}P\left[N(t+h)-N(t)=k\right].$$

A primeira parcela do segundo membro desta igualdade tende, por A'4, para $-v(t)$. Veja-se o que sucede à segunda, para isso, tome-se,

$$P_{1}=P\left[N(t+h)-N(t)=1\right] \quad\text{e}\quad Q_{2}=P\left[N(t+h)-N(t)\geq2\right].$$

Tem-se então,

$$\frac{P_{1}}{h}\left[1+\frac{Q_{2}}{P_{1}}\right]=\frac{1-P\left[N(t+h)-N(t)=0\right]}{h}\xrightarrow[h\to0]{}v(t).$$

Por A3 vem,

$$\frac{Q_{2}}{P_{1}}\xrightarrow[h\to0]{}0,$$

o que vai implicar,

$$\lim_{h\to0}\frac{P\left[N(t+h)-N(t)=1\right]}{h}=v(t),$$

vindo que o limite da segunda parcela será igual a $zv(t)$.

Como consequência virá,

$$\frac{P\left[N(t+h)-N(t)\geq2\right]}{h}=$$

$$=\frac{1-P\left[N(t+h)-N(t)=0\right]-P\left[N(t+h)-N(t)=1\right]}{h}\xrightarrow[h\to0]{}0.$$

42 | Processos estocásticos e aplicações

Portanto, procedendo de forma análoga à demonstração do teorema anterior, pode-se concluir que a terceira parcela tenderá para zero quando $|z| < 1$, vindo assim,

$$\lim_{h \to 0} \frac{1}{h} \left\{ E \left[z^{N(t+h)-N(t)} \right] - 1 \right\} = v(t)(z-1) \ ,$$

significando, tal como no teorema anterior, que a função $\Psi(z,t)$ vai satisfazer a equação diferencial,

$$\frac{\partial}{\partial t} \Psi(z,t) = v(t)(z-1) \ \Psi(z,t) \ ,$$

sujeita à condição inicial $\Psi(z,0) = 1$. A solução desta equação é da forma enunciada.

◆

OBSERVAÇÕES:

1. Num processo de Poisson não homogéneo a função $m(t)$ representa o valor esperado do processo, $E[N(t)]$. De facto,

$$\frac{\partial \Psi(z,t)}{\partial z} \bigg|_{z=1} = E[N(t)] \ ,$$

vindo neste caso,

$$\frac{\partial \Psi(z,t)}{\partial z} \bigg|_{z=1} = m(t) \ .$$

Além disso, uma vez que,

$$\frac{\partial^k \Psi(z,t)}{\partial z^k} \bigg|_{z=0} = k! P[N(t) = k] \ ,$$

conclui-se que,

$$P[N(t)=k] = e^{-m(t)} \frac{[m(t)]^k}{k!}, \quad k = 0, 1, 2, \ldots$$

o que mostra que, para cada *t*, *N(t)* tem uma distribuição de Poisson de valor médio *m(t)*. Aliás, o aspecto da função geradora de probabilidades do processo de Poisson não homogéneo vem confirmar esta situação.

2. O processo de Poisson é um caso particular de um processo de Poisson não homogéneo em que,

$$m(t) = E[N(t)] = vt,$$

ou seja, o valor médio é proporcional a *t* com factor de proporcionalidade *v*. Por sua vez, quando a função de intensidade de um processo de Poisson não homogéneo for constante, $v(t) = v$, $\forall t \geq 0$, passa-se a ter um processo de Poisson de intensidade *v*.

3. Tome-se $v(t) = v$, $\forall t \geq 0$, conforme vem ilustrado no gráfico que se segue,

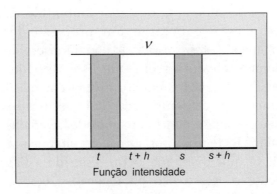

Função intensidade

Verifica-se, neste caso,

$$E[N(t+h)-N(t)] = E[N(s+h)-N(s)] = vh,$$

o que significa, como anteriormente se viu, que o número médio de acontecimentos em intervalos de igual amplitude é sempre o mesmo.

No entanto, pode-se considerar, por exemplo, $v(t)$ uma função decrescente, em particular, como a que vem ilustrada no gráfico seguinte,

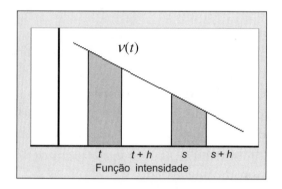

Função intensidade

Vê-se, claramente, que o número médio de acontecimentos em intervalos de igual amplitude decresce com o tempo e está-se perante um processo de Poisson não homogéneo. Estes processos poderão servir para modelar fenómenos aleatórios em que este tipo de situação está presente, como por exemplo, o caso em que $N(t)$ representa o número de acidentes em $(0,t]$, verificados numa mina em que se supõe que foram tomadas medidas de segurança ao longo do tempo, por forma a evitar tais acidentes.

4. O que distingue o processo de Poisson do correspondente processo não homogéneo é o facto do primeiro ser de incrementos estacionários e o segundo não o ser.

5. Um processo de Poisson não homogéneo pode ser transformado num processo de Poisson particular. Com

efeito, uma vez que $m(t)$ é uma função contínua não decrescente, pode-se definir a respectiva função inversa, $m^{-1}(u)$, $\forall u > 0$, como a função a que corresponde o mais pequeno valor de t, satisfazendo a condição $m(t) \geq u$. Deste modo, o processo $\{M(u), u \geq 0\}$ definido por,

$$M(u) = N(m^{-1}(u)), \quad u \geq 0,$$

é um processo de Poisson de intensidade $v = 1$, uma vez que,

$$E[M(u)] = E\left[N(m^{-1}(u))\right] = m(m^{-1}(u)) = u.$$

EXEMPLO:

Um supermercado está aberto diariamente durante um período de 12 horas e admita-se que os seus clientes se dirigem a ele de acordo com um processo de Poisson $N(t)$ de intensidade $v(t)$, medida em horas, tal que,

$$v(t) = \begin{cases} 25t, & 0 < t < 2 \\ 50, & 2 \leq t < 10 \\ 300 - 25t, & 10 \leq t \leq 12 \end{cases}$$

Verifica-se que a intensidade é crescente durante as primeiras duas horas, mantendo-se estável nas oito horas seguintes, para decrescer nas restantes duas horas finais do dia, como se pode constatar no respectivo gráfico.

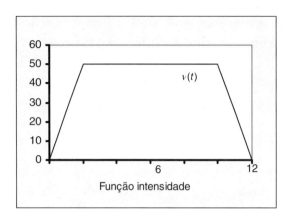
Função intensidade

O processo $N(t)$ é um processo de Poisson não homogéneo de valor médio,

$$m(t) = E[N(t)] = \begin{cases} \dfrac{25t^2}{2}, & 0 < t < 2 \\ 50t - 50, & 2 \leq t < 10 \\ 300t - \dfrac{25t^2}{2} - 1300, & 10 \leq t \leq 12 \end{cases}$$

Nestas circunstâncias, tem-se,

$$\Psi(0,t) = P[N(t) = 0] = e^{-m(t)},$$

resultando que a probabilidade de não chegar nenhum cliente no primeiro quarto de hora será,

$$\Psi(0,\tfrac{1}{4}) = P\left[N(\tfrac{1}{4}) = 0\right] = e^{-m(\tfrac{1}{4})} = 0.4578.$$

Também se pode concluir que o número médio de clientes que visitam o supermercado durante todo o dia será,

$$m(12) = E[N(12)] = 500.$$

3.2 *Processo de Poisson generalizado*

Um processo $\{N(t), t \geq 0\}$ de valores inteiros satisfazendo os anteriores axiomas A1, A2, A'3 e A4, com,

A'3. Existe uma sucessão $\{p_k, k = 1, 2, ...; \ 0 \leq p_k \leq 1\}$ tal que para todo $t \geq 0$,

$$\lim_{h \to 0} P\big[N(t+h) - N(t) = k \,\big|\, N(t+h) - N(t) \geq 1 \big] = p_k,$$

diz-se um **processo de Poisson generalizado**.

Para um processo deste tipo é válido o teorema que se segue. A demonstração não será apresentada por ser semelhante às dos dois últimos teoremas e deixa-se como exercício no final do capítulo.

Teorema 3: *Um processo de Poisson generalizado tem função geradora de probabilidades,*

$$\Psi(z,t) = e^{vt[\psi(z)-1]}, \quad |z| < 1$$

onde,

$$\psi(z) = \sum_{k=1}^{\infty} z^k p_k \ .$$

OBSERVAÇÕES:

1. Num processo de Poisson generalizado verifica-se que,

$$\sum_{k=1}^{\infty} p_k = 1.$$

De facto, tem-se,

$$\sum_{k=1}^{\infty} P\left[N(t+h) - N(t) = k \mid N(t+h) - N(t) \geq 1\right] = 1,$$

e por passagem ao limite conclui-se que a sucessão $\{p_k, k = 1, 2, ...; \ 0 \leq p_k \leq 1\}$ constitui uma distribuição de probabilidade.

2. O processo de Poisson é um caso particular do processo de Poisson generalizado, uma vez que, basta tomar $\psi(z) = z$, para se obter a função geradora de probabilidades de um processo de Poisson.

3. O axioma A'3 permite interpretar p_k como a probabilidade condicional de que ocorram exactamente k acontecimentos num determinado instante, sabendo que pelo menos um acontecimento ocorreu nesse instante. Repare-se, em particular, que ao admitir-se,

$$\psi(z) = z = \sum_{k=1}^{\infty} z^k p_k ,$$

virá que $p_1 = 1$. Esta situação está de acordo com o facto de se estar perante um processo de Poisson. Na realidade, para este processo verifica-se que a probabilidade condicional de que ocorra exactamente um acontecimento em certo instante, sabendo que pelo menos um acontecimento se realizou nesse instante é necessariamente igual a um.

4. Num processo de Poisson generalizado, contrariamente ao que sucede no processo de Poisson, existe a pos-

sibilidade de num certo instante poder ocorrer em simultâneo mais do que um acontecimento, sendo esta a única diferença existente entre estes dois processos. Como exemplo ilustrativo de um fenómeno aleatório que pode ser modelado pelo processo generalizado, pode-se considerar a contagem do número de chamadas telefónicas recebidas por uma central telefónica, neste caso, pode ocorrer mais do que uma chamada telefónica em simultâneo. A figura seguinte ilustra o gráfico de uma trajectória simulada de um processo de Poisson generalizado,

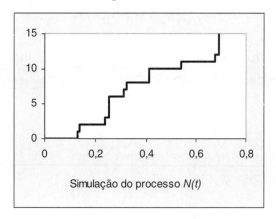

Simulação do processo *N(t)*

Observa-se que o processo apresenta saltos de uma unidade, correspondentes à ocorrência de determinado acontecimento num certo instante, e saltos de duas ou três unidades quando ocorrem em simultâneo dois ou três acontecimentos.

5. O processo de Poisson generalizado apresenta a seguinte função geradora de momentos,

$$\Phi(z,t) = E\left[e^{zN(t)}\right] = \Psi(e^z, t) =$$

$$= \exp\left\{vt(\sum_{k=1}^{\infty} e^{zk} p_k - 1)\right\}, \quad |z| < 1.$$

Verificando-se, portanto,

$$E[N(t)] = vt \sum_{k=1}^{\infty} kp_k.$$

Um processo de Poisson generalizado pode ser representado como uma combinação linear infinita de processos de Poisson independentes. Com efeito, tome-se,

$$\{N_k(t), t \geq 0\}, \quad k = 1, 2, \ldots$$

uma sucessão de processos de Poisson independentes de intensidade v_k, suponha-se,

$$v = \sum_{k=1}^{\infty} v_k < +\infty$$

e defina-se $p_k = \dfrac{v_k}{v}$.

O processo $\{N(t), t \geq 0\}$ tal que,

$$N(t) = \sum_{k=1}^{\infty} kN_k(t)$$

é um processo de Poisson generalizado, uma vez que,

$$\Psi(z,t) = \prod_{k=1}^{\infty} E\left[z^{kN(t)} \right] = \prod_{k=1}^{\infty} e^{v_k t(z^k - 1)} = e^{tv[\psi(z)-1]}.$$

EXEMPLO:

O quadro abaixo indicado, ilustra o número médio de acontecimentos que ocorrem num intervalo de tempo unitário, $E[N(1)]$, para diferentes casos particulares de processos de Poisson generalizados:

p_k	$E[N(1)]$
$p_1 = 1$	ν
$p_2 = 1$	2ν
$p_1 = 1/2$ $p_2 = 1/2$	$\dfrac{3\nu}{2}$
$p_1 = 1/3$ $p_2 = 2/3$	$\dfrac{5\nu}{3}$

Como se pode verificar, encontramos no primeiro caso a taxa média ν de um processo de Poisson; esta taxa duplica no segundo caso, como seria de esperar, uma vez que ocorrem sempre dois acontecimentos em simultâneo. Os casos seguintes ilustram um crescimento, relativamente ao caso Poisson, do número médio de ocorrências num intervalo unitário de acordo com o aumento da probabilidade p_2.

3.3 *Processo de Poisson composto*

Um processo estocástico $\{X(t), t \geq 0\}$ diz-se um **processo de Poisson composto** se for definido por,

$$X(t) = \sum_{n=1}^{N(t)} Y_n \,,$$

em que $\{N(t), t \geq 0\}$ representa um processo de Poisson e $\{Y_n, n = 1, 2, \ldots\}$ uma sucessão de variáveis aleatórias independentes e identicamente distribuídas, admitindo-se, além disso, que o processo $\{N(t), t \geq 0\}$ e a sucessão $\{Y_n, n = 1, 2, \ldots\}$ são independentes. Por convenção toma-se $X(0) = 0$.

Teorema 4: *Considere-se um processo de Poisson composto, $\{X(t), t \geq 0\}$. Tem-se então:*

a) $\{X(t), t \geq 0\}$ *tem incrementos independentes e estacionários.*

b) A função característica de X(t), para todo $t \geq 0$ vem,

$$\Phi_{X(t)}(u) = E\left[e^{iuX(t)} \right] = e^{vt\{\Phi_Y(u)-1\}},$$

onde $\Phi_Y(u)$ é a função característica comum às variáveis $\{Y_n, n = 1, 2, \ldots\}$.

c) X(t) tem segundos momentos finitos, desde que existam os segundos momentos da variável Y comum às variáveis $\{Y_n, n = 1, 2, \ldots\}$, tendo-se,

$$E[X(t)] = vt\, E[Y]$$

$$Var[X(t)] = vt\, E\left[Y^2 \right]$$

$$\text{cov}(X(t), X(s)) = v\, E\left[Y^2 \right] \min(s, t).$$

DEMONSTRAÇÃO:

Tendo em conta as diversas situações de independência existentes na definição de processo de Poisson composto, intuitivamente se conclui que este processo terá necessariamente incrementes independentes. Omite-se, por esta razão, a demonstração formal deste facto.

Comecemos por verificar que num processo composto a função característica de $X(t) - X(s)$, $0 \leq s \leq t$ vem dada por,

$$\Phi_{X(t)-X(s)}(u) = \exp\{v(t-s)[\Phi_Y(u) - 1]\}.$$

Assim, para $n = 0,1,2,...$, o valor médio condicional,

$$E\left[e^{iu\{X(t)-X(s)\}} | N(t) - N(s) = k\right] = [\Phi_Y(u)]^k,$$

uma vez que $X(t) - X(s)$ representa, sob o efeito do condicionamento, a soma de k variáveis aleatórias identicamente distribuídas. Nestas condições tem-se,

$$\Phi_{X(t)-X(s)}(u) = E\left[E\left(e^{iu\{X(t)-X(s)\}} | N(t) - N(s) = k\right)\right]$$

$$= \sum_{k=0}^{\infty} E\left(e^{iu\{X(t)-X(s)\}} | N(t) - N(s) = k\right) P[N(t) - N(s) = k]$$

$$= \sum_{k=0}^{\infty} (\Phi_Y(u))^k e^{-v(t-s)} \frac{(v(t-s))^k}{k!}$$

$$= \exp\{v(t-s)[\Phi_Y(u) - 1]\}.$$

54 | Processos estocásticos e aplicações

Através da expressão da função característica de $X(t) - X(s)$ pode-se concluir que o processo composto $\{X(t), t \geq 0\}$ tem incrementos estacionários e fazendo $s = 0$ nessa expressão, a alínea b) do teorema fica provada.

A alínea c) é verificada, sem dificuldade, tendo em conta as propriedades do valor esperado e da variância condicional. Remete-se para exercício a demonstração desta alínea, encontrando-se a respectiva solução na secção dedicada aos exercícios resolvidos.

◆

OBSERVAÇÃO:

Tendo em conta a expressão da função característica do processo de Poisson composto, pode-se constatar que este processo engloba os processos de Poisson generalizados. Com efeito, num processo de Poisson generalizado a sua função característica é da forma (v. observação 5, pág. 49)

$$\Phi_{N(t)}(u) = E\left[e^{iuN(t)}\right]$$

$$= \exp\left\{vt(\sum_{k=1}^{\infty} e^{iuk} p_k - 1)\right\},$$

onde $\Phi(u) = \sum_{k=1}^{\infty} e^{iuk} p_k$ representa a função característica de uma variável aleatória inteira com distribuição de probabilidade $\{p_k, k = 1, 2, ...\}$. Esta situação traduz que, tomando um processo composto em que as variáveis $\{Y_n, n = 1, 2, ...\}$ sejam inteiras com distribuição $\{p_k, k = 1, 2, ...\}$, se encontra a função característica de um processo generalizado. Conclui-se, deste modo, que um processo generalizado pode ser representado por um composto, definido a partir da soma de variáveis aleatórias inteiras $\{Y_n, n = 1, 2, ...\}$, IID e com distribuição $\{p_k, k = 1, 2, ...\}$.

EXEMPLO:

Numa companhia de seguros, admita-se que o seus clientes com seguros de vida morrem nos instantes $t_1, t_2, ...$; $0 < t_1 < t_2 < ...$ e que o número de mortes ocorre de acordo com uma distribuição de Poisson, sendo representado pelo processo de Poisson $N(t)$. Quando o n-ésimo cliente morre, a companhia seguradora deverá pagar no instante t_n o correspondente capital seguro, designado por Y_n. Defina-se $X(t)$ como o montante total, respeitante às indemnizações dos seus clientes, que a companhia deverá pagar no período (0,t]. Pode-se representar o processo $X(t)$ da seguinte forma,

$$X(t) = \sum_{n=1}^{N(t)} Y_n ,$$

ou seja, por um processo de Poisson composto.

O quadro seguinte resume as características mais importantes que diferenciam o processo de Poisson dos que lhe são derivados:

Processo $X(t)$	Axiomas	Situação em cada instante	Situação em intervalos $[t, t+h]$ $E[X(t+h) - X(t)]$	$E[X(1)]$	ν
Poisson	A1 a A4	No máximo pode ocorrer um acontecimento	N.º médio de acontecimentos independente de t $= \nu h$	ν	$-\ln(P[X(1)=0])$
Poisson não homogéneo	A1 a A3 e A'4	No máximo pode ocorrer um acontecimento	N.º médio de acontecimentos dependente de t $= \int_t^{t+h} \nu(s)ds$	$\int_0^1 \nu(s)ds = m(1)$	$m(1) =$ $= -\ln(P[X(1)=0])$
Poisson Generalizado	A1, A2, A'3 e A4	Pode ocorrer um n.º qualquer de acontecimentos	N.º médio de acontecimentos independente de t $= \nu h \sum_k k p_k$	$\nu \sum_k k p_k$	$-\ln(P[X(1)=0])$
Poisson Composto	A1 e A4	—	N.º médio de acontecimentos independente de t $= \nu h E[Y]$	$\nu E[Y]$	$\dfrac{E[X(1)]}{E[Y]}$

4. Tempos entre chegadas e tempos de espera

No início do capítulo, na presença de um processo de contagem $\{N(t), t \geq 0\}$, foram definidas as sucessões dos tempos entre chegadas e dos tempos de espera, respectivamente $\{T_n, n \geq 1\}$ e $\{\tau_n, n \geq 1\}$, tendo-se,

$$T_n = \tau_n - \tau_{n-1}$$
$$\tau_n = T_1 + \ldots + T_n,$$

ou seja,

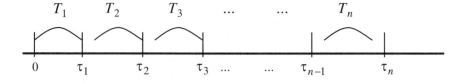

Um processo de contagem $\{N(t), t \geq 0\}$ e a respectiva sucessão dos tempos de espera $\{\tau_n, n \geq 1\}$ satisfazem, como facilmente se verifica, as seguintes relações de equivalência:

a) Para todo $t > 0$ e $n = 1, 2, \dots$,

$$N(t) \leq n \iff \tau_{n+1} > t.$$

De facto, afirmar que o número de acontecimentos que ocorrem em $(0, t]$ é menor ou igual a n é equivalente a dizer que o período de tempo até que ocorra o $(n+1)$-ésimo acontecimento é superior a t.

b) Para todo $t > 0$,

$$N(t) = 0 \iff \tau_1 > t.$$

Ou seja, se até ao instante t não ocorreu nenhum acontecimento é equivalente a dizer-se que o acontecimento ocorrerá pela primeira vez num instante superior a t.

c) Para todo $t > 0$ e $n = 1, 2, \dots$,

$$N(t) = n \iff \tau_n \leq t \text{ e } \tau_{n+1} > t.$$

A ocorrência de exactamente n acontecimentos em $(0, t]$ é equivalente a que o n-ésimo acontecimento ocorra num instante inferior ou igual a t e que o $(n+1)$-ésimo acontecimento ocorra depois de t.

Estas relações têm as seguintes implicações em termos probabilísticos:

a) $F_{N(t)}(n) = P[N(t) \leq n] = 1 - F_{\tau_{n+1}}(t), \quad n = 1, 2, \dots$;

b) $P[N(t) = 0] = 1 - F_{\tau_1}(t)$;

58 | Processos estocásticos e aplicações

c) $P[N(t) = n] = P\left[\tau_n \leq t, \ \tau_{n+1} > t\right]$

$$= P\left[(\tau_n \leq t) \cap \overline{(\tau_{n+1} \leq t)} \right]$$

$$= P\left[(\tau_n \leq t) - (\tau_{n+1} \leq t) \right]$$

$$= F_{\tau_n}(t) - F_{\tau_{n+1}}(t).$$

Teorema 5: *Seja* $\{N(t), t \geq 0\}$ *um processo de Poisson de intensidade* v, *então, para cada* n, τ_n *tem uma distribuição gama de parâmetros* n *e* v, $G(n,v)$, *ou seja, a sua densidade de probabilidade é,*

$$f_{\tau_n}(t) = \begin{cases} ve^{-vt} \dfrac{(vt)^{n-1}}{(n-1)!}, & t \geq 0 \\ 0, & t < 0 \end{cases}$$

DEMONSTRAÇÃO:

Para todo $t > 0$ tem-se,

$$F_{\tau_n}(t) = 1 - P\left[\tau_n > t\right] = 1 - P\left[N(t) \leq n - 1\right]$$

$$= 1 - \sum_{k=0}^{n-1} e^{-vt} \frac{(vt)^k}{k!}.$$

Derivando esta função em ordem a t, obtém-se a densidade acima mencionada.

◆

Como consequência imediata deste teorema, uma vez que τ_n tem distribuição $G(n,v)$, vem,

$$E\left[\tau_n\right] = \frac{n}{v}$$

$$Var\left[\tau_n\right] = \frac{n}{v^2}.$$

Processos de contagem | 59

Teorema 6: *Seja* $\{N(t), t \geq 0\}$ *um processo de Poisson de intensidade* v, *então a sucessão das variáveis aleatórias dos tempos entre chegadas,* $\{T_n, n \geq 1\}$ *é IID com a distribuição exponencial de valor médio* $\frac{1}{v}$.

DEMONSTRAÇÃO:

Uma demonstração formal deste teorema está fora do âmbito deste texto, podendo, no entanto, ser encontrada em Chung (1960), Loève (1960) ou Karlin (1981). Vai-se apenas apresentar uma demonstração intuitiva e menos rigorosa.

Tendo em conta que o processo de Poisson tem incrementos estacionários, pode-se escrever, apelando à intuição,

$$P\left[T_n > t \middle| \tau_{n-1} = s\right] = P\left[N(\tau_{n-1} + t) - N(\tau_{n-1}) = 0 \middle| \tau_{n-1} = s\right]$$

$$= P\left[N(s+t) - N(s) = 0\right] = P\left[N(t) = 0\right] = e^{-vt}.$$

Como esta probabilidade não depende de s, a igualdade prova que para cada n a variável T_n é independente do instante em que o $(n-1)$-ésimo acontecimento ocorre e, portanto, terá distribuição exponencial de valor médio $\frac{1}{v}$. Além disso, vê-se também de forma intuitiva que as variáveis T_n e T_{n+1} são independentes, de facto,

$$P\left[T_{n+1} > r, T_n > t\right] = P\left[T_{n+1} > r, T_n > t \middle| \tau_{n-1} = s\right]$$

$$= P\left[T_{n+1} > r \middle| T_n > t, \tau_{n-1} = s\right] P\left[T_n > t \middle| \tau_{n-1} = s\right],$$

vindo portanto,

$$P\left[T_{n+1} > r, T_n > t\right] = P\left[T_{n+1} > r \middle| \tau_n > t + s\right] P\left[T_n > t \middle| \tau_{n-1} = s\right]$$

$$= P\left[T_{n+1} > r\right] P\left[T_n > t\right].$$

De maneira análoga far-se-ia a demonstração da independência entre T_n e T_{n+k}, ficando provada a independência entre quaisquer duas das variáveis da sucessão dos tempos entre chegadas. No entanto, note-se que este facto ainda não provaria a independência da sucessão $\{T_n, n \geq 1\}$.

♦

O teorema que se segue estabelece um resultado inverso ao do teorema anterior, ou seja, partindo-se de tempos entre chegadas independentes e exponenciais, conclui-se que o processo que conta o número de acontecimentos ocorridos terá de ser de Poisson.

Teorema 7: *Se a sucessão dos tempos entre chegadas* $\{T_n, n \geq 1\}$ *é IID com a distribuição exponencial de valor médio* $\frac{1}{v}$, *então o correspondente processo de contagem* $\{N(t), t \geq 0\}$ *é de Poisson com intensidade v.*

DEMONSTRAÇÃO:

Não será apresentada a demonstração completa deste teorema, a qual se encontra, por exemplo, em Parzen (1999). Este autor, através da teoria dos processos de renovamento, prova que a distribuição condicional de $N(t) - N(s)$, conhecidos os valores de $N(t')$ para $t' \leq s$, é a mesma que a distribuição não condicional de $N(t-s)$. Sendo assim, o processo $\{N(t), t \geq 0\}$ terá incrementos independentes. Quanto à verificação da estacionaridade desses mesmos incrementos, é suficiente provar que para cada t, $N(t)$ segue uma distribuição de Poisson, como se verá de seguida.

Como os tempos entre chegadas são independentes e com distribuição exponencial de valor médio $\frac{1}{v}$, o tempo de espera do n-ésimo acontecimento, $\tau_n = T_1 + \ldots + T_n$ segue uma distribuição $G(n,v)$. Vindo assim,

$$P\big[N(t) = n\big] = F_{\tau_n}(t) - F_{\tau_{n+1}}(t)$$

$$= \int_0^t e^{-vt} \frac{v^n t^{n-1}}{(n-1)!} \, dt - \int_0^t e^{-vt} \frac{v^{n+1} t^n}{n!} \, dt$$

$$= e^{-vt} \frac{(vt)^n}{n!}.$$

$\blacklozenge$

EXEMPLO:

Admita que, a partir das 20.00 horas, o serviço de urgências de um hospital recebe doentes de acordo com um processo de Poisson à taxa média de dez doentes por hora. Tomando a hora como unidade de tempo, a probabilidade do trigésimo doente chegar depois das 22.30 vem dada por (Teorema 5),

$$P\big[\tau_{30} > 2.5\big] = P\big[G(30,10) > 2.5\big]$$

$$= P\big[\chi^2(60) > 50\big] = 0.83$$

A probabilidade do tempo entre a chegada do décimo e nono doentes ser superior a um quarto de hora, virá (Teorema 6),

$$P\big[T_{10} > 0.25\big] = 1 - F_{T_{10}}(0.25)$$

$$= e^{-10 \times 0.25} = 0.082.$$

5. Processos de contagem de renovamentos

Neste parágrafo vai-se apenas referir de forma breve os processos de contagem de renovamentos, uma vez que o seu estudo aprofundado carece de instrumentos mais sofisticados em termos de análise matemática e, por esta razão, encontra-se fora do âmbito e dos objectivos do presente texto.

Um processo de contagem $\{N(t), t \geq 0\}$ diz-se um **processo de contagem de renovamentos** se a correspondente sucessão T_1, T_2, ... dos tempos entre chegadas de sucessivas ocorrências é independente e identicamente distribuída.

OBSERVAÇÃO:

Um processo de Poisson de intensidade v constitui um caso particular de um processo deste tipo em que a distribuição de probabilidade da cada uma das variáveis T_n é exponencial de valor médio $1/v$.

Existe uma grande variedade de fenómenos aleatórios que podem ser modelados através de processos de contagem de renovamentos, sendo o mais significativo o caso em que, por exemplo, $N(t)$ conta o número de substituições (renovamentos), ocorridas no intervalo $(0,t]$, de uma componente electrónica por outra do mesmo tipo quando a primeira delas falha. Os tempos $T_1, T_2, ...$ representam os tempos de vida de cada uma das componentes electrónicas, que se supõem ser independentes e com a mesma distribuição de probabilidade.

Na situação acabada de descrever, está-se a admitir que a contagem se inicia (instante $t = 0$) com uma componente electrónica nova, o que significa que a variável T_1 tem exactamente a mesma distribuição probabilística das variáveis $T_2, T_3, ...$ Contudo, se a componente em uso para $t = 0$ não é nova, então

T_1, representa o restante tempo de vida dessa componente e, em geral, terá uma distribuição de probabilidade diferente dos outros tempos $T_2, T_3, \ldots$ O correspondente processo $\{N(t), t \geq 0\}$ continua a contar o número de renovamentos em $(0, t]$ e é designado por **processo de contagem de renovamentos desfasado**, ou seja, é um processo de contagem em que T_1, $T_2, \ldots$ são independentes, $T_2, T_3, \ldots$ são identicamente distribuídas, mas com distribuição diferente de T_1.

Uma outra variável com interesse no estudo dos processos de contagem de renovamentos, desfasados ou não, é a variável **vida em excesso**, $\gamma(t)$, definida para um determinado instante t por,

$$\gamma(t) = \tau_{N(t)+1} - t,$$

que representa o período restante do tempo de vida de uma componente, isto é, o tempo entre t e a ocorrência do acontecimento seguinte.

No desenvolvimento do estudo dos processos de contagem de renovamentos faz-se, por vezes, apelo a uma equação integral, designada por **equação de renovamento**. Considerem-se três funções reais de variável real, $f(t)$, $g(t)$ e $h(t)$, definidas para $t \geq 0$, então a equação de renovamento é uma equação que relaciona as três funções na forma que se segue,

$$g(t) = h(t) + \int_0^t g(t-s)f(s)ds.$$

Considerando as funções $f(t)$ e $h(t)$ conhecidas, esta equação permite determinar a função desconhecida $g(t)$ como solução da equação integral. Em situações gerais, é possível encontrar a solução desta equação com base em instrumentos da análise matemática.

64 | Processos estocásticos e aplicações

No quadro dos processos de contagem de renovamentos, ao estabelecer-se que as variáveis $T_1, T_2, \ldots$ admitem a mesma função densidade de probabilidade $f(s)$ e representando por $F(t)$ a correspondente função de distribuição, pode verificar-se, Parzen (1999), que a função valor esperado, $m(t) = E[N(t)]$, satisfaz a equação de renovamento,

$$m(t) = F(t) + \int_0^t m(t-s)f(s)ds .$$

Supondo que se está na presença de um processo de Poisson de intensidade v, os tempos de espera são exponenciais de valor esperado $\frac{1}{v}$ e pela teoria das equações diferenciais pode facilmente demonstrar-se que a equação de renovamento anterior admite, como seria de esperar, a solução,

$$m(t) = E[N(t)] = vt .$$

Em relação à variável vida em excesso, a respectiva função de distribuição pode ser determinada usando o facto de,

$$g(t,x) = P[\gamma(t) > x]$$

surgir como solução da seguinte equação de renovamento, Parzen(1999),

$$g(t,x) = 1 - F(t+x) + \int_0^t g(t-s,x)f(s)ds ,$$

onde se assume que as variáveis tempos entre chegadas $T_1, T_2, \ldots$ possuem densidade de probabilidade $f(s)$ e função de distribuição $F(t)$.

Deste modo, no caso particular de um processo de Poisson de intensidade v, prova-se que a variável vida em excesso é exponencialmente distribuída com valor esperado igual ao das variáveis tempos entre chegadas, ou seja, a solução da equação de renovamento anterior permite estabelecer a partir da teoria das equações diferenciais,

$$P[\gamma(t) \leq x] = 1 - e^{-\nu x}.$$

Estes últimos resultados levam a concluir que no processo de contagem de renovamentos desfasado referente à contagem do número de componentes electrónicas substituídas, quando se admite que o início da contagem em $t = 0$ é realizado com uma componente não nova, a variável T_1 coincide com a variável vida em excesso no instante $t = 0$, isto é, $\gamma(0)$, cuja distribuição pode ser calculada a partir da respectiva equação de renovamento. Supondo que o tempo de vida das componentes são exponenciais de valor esperado $\frac{1}{\nu}$, então, como se viu, T_1 terá a mesma distribuição de probabilidade.

EXEMPLO:

Admita que numa estação de serviço os tempos (em minutos) entre chegadas consecutivas de viaturas para se abastecerem de gasolina são independentes e seguem uma distribuição uniforme no intervalo [0,12], significando, por esta razão, que o respectivo tempo médio é de 6 minutos. Designando por $N(t)$ o número de viaturas que chegam à estação no intervalo $(0,t]$ e supondo que $N(0) = 0$, o correspondente processo estocástico $\{N(t), t \geq 0\}$ representa um processo de contagem de renovamentos em que a equação de renovamento para a função valor esperado vem, com $0 \leq t \leq 12$,

$$m(t) = \frac{t}{12} + \int_0^t \frac{m(t-s)}{12}\, ds$$

$$= \frac{t}{12} + \int_0^t \frac{m(u)}{12}\, du.$$

Derivando esta equação, obtém-se a equação diferencial,

$$m'(t) - \frac{m(t)}{12} = \frac{1}{12},$$

sujeita à condição $m(0) = 0$ e cuja solução, de acordo com a teoria das equações diferenciais lineares, vem,

$$m(t) = e^{\frac{t}{12}} - 1, \quad 0 \le t \le 12.$$

Conclui-se, assim, que o número médio de viaturas chegadas por minuto será,

$$m(1) = E\left[N(1)\right]$$

$$= e^{\frac{1}{12}} - 1 = 0.089.$$

Repare-se, no entanto, que se os tempos entre chegadas tiverem uma distribuição exponencial de valor esperado 6 minutos, o processo $\{N(t), t \ge 0\}$ passaria a ser de Poisson, vindo, neste caso,

$$E\left[N(1)\right] = \frac{1}{6} = 0.167.$$

Num processo de contagem de renovamentos em que a sucessão dos tempos entre chegadas tem uma distribuição exponencial de valor médio μ, isto é, quando se está na presença de um processo de Poisson, viu-se,

$$m(t) = E[N(t)] = \frac{t}{\mu}.$$

No entanto, para a situação geral dos processos de contagem de renovamentos pode demonstrar-se, Ross(1996), que se verifica a seguinte expressão assintótica para $m(t)$,

$$\lim_{t \to \infty} \frac{m(t)}{t} = \frac{1}{\mu},$$

onde, $\mu = E[T] < \infty$. A demonstração deste resultado requer técnicas matemáticas que estão fora do âmbito deste texto, todavia, ele é intuitivo. De facto, interpretando $\frac{N(t)}{t}$ como o número médio de acontecimentos em $(0,t]$, pela lei dos grandes números, poder-se-ia estabelecer,

$$\frac{N(t)}{t} \xrightarrow{mq} \frac{1}{\mu},$$

o que implicaria a veracidade da expressão assintótica anterior.

EXERCÍCIOS:

❶. Demonstre o Teorema 3 do §3.2.

❷. Seja X uma variável aleatória discreta com probabilidades p_k, $k = 0,1,2,....$ Calcule a função geradora de probabilidades e a partir desta determine a correspondente função geradora de momentos. Dê o significado de cada uma destas funções.

68 | Processos estocásticos e aplicações

❸. Numa estação de televisão o serviço de relações públicas recebe, após a emissão de determinado programa, chamadas telefónicas de apoio ou de desagravo a esse programa. Admita que as chamadas são recebidas de acordo com um processo de Poisson de intensidade $v = 100 - t$, $0 \le t \le 100$ (unidade de tempo hora). Designe por $\{N(t), t \ge 0\}$ o número de chamadas telefónicas recebidas até ao instante t.

a) Tipifique, justificando, o processo $\{N(t), t \ge 0\}$ e calcule a respectiva função geradora de probabilidades.

b) Determine o número médio de chamadas recebidas durante o primeiro quarto de hora.

c) Calcule a probabilidade de que não ocorra nenhuma chamada durante o primeiro minuto.

❹. A um servidor chegam mensagens de correio electrónico e verificou-se que a probabilidade de não chegar qualquer mensagem durante o período de um minuto é igual a 0.05. Admita que em cada instante existe a possibilidade de poder ocorrer em simultâneo mais do que uma mensagem e que, tendo conhecimento de que ocorreu pelo menos uma mensagem em determinado instante, se estimou que a probabilidade de ocorrerem 1, 2 e 3 mensagens nesse instante é respectivamente $\frac{1}{2}$, $\frac{1}{3}$ e $\frac{1}{6}$. Designe por $\{N(t), t \ge 0\}$ o processo estocástico que para cada t representa o número de mensagens recebidas pelo servidor no intervalo $(0, t]$.

a) Tipifique, justificando, o processo $\{N(t), t \ge 0\}$ e calcule a respectiva função geradora de probabilidades.

b) Determine o número médio de chegadas por minuto,

c) Calcule $P[N(1) = 1]$.

❺. Uma pessoa vende assinaturas de uma revista por correio. Os seus clientes respondem de acordo com um processo de Poisson à média de 6 por dia e podem subscrever, independentemente um dos outros, assinaturas de 1, 2 e 3 anos com probabilidades respectivamente iguais a $\frac{1}{2}$, $\frac{1}{3}$ e $\frac{1}{6}$. Por cada assinatura vendida essa pessoa ganha uma comissão de 5 euros por cada ano de subscrição. Seja $X(t)$ o montante das comissões obtidas no período $[0,t]$. Calcule:

a) O valor médio $E[X(t)]$.

b) A variância $\text{var}[X(t)]$.

c) A probabilidade $P[X(t) = 0]$.

d) A função característica $\Phi_{X(t)}(u)$.

❻. Uma variável aleatória T diz-se sem memória se e só se:

$$P[T > x + y | T > x] = P[T > y], \quad \forall x, y > 0.$$

Demonstre:

a) Se T for uma variável contínua, T é sem memória se e só se T tem uma distribuição exponencial.

b) Se T tomar apenas valores inteiros e positivos, T é sem memória para x e y não negativos se e só se existe uma constante p tal que:

$$P[T = k] = p(1-p)^{k-1}, \quad k = 1, 2, ...,$$

ou seja, T tem uma distribuição geométrica.

❼. Numa loja os clientes chegam de acordo com uma lei de Poisson à média de 30 por hora. Qual a probabilidade de que o intervalo de tempo entre chegadas sucessivas seja:

a) Superior a 2 minutos?

b) Inferior a 4 minutos?

70 | Processos estocásticos e aplicações

c) Entre 1 e 3 minutos?

❽. Suponha que o número de passageiros que chegam a um aeroporto para apanhar um certo voo se processa de acordo com um processo de Poisson de intensidade v. Admita que o *n*-ésimo passageiro que chega ao aeroporto para esse voo tem uma probabilidade p^n $(n = 1,2,...)$ de fazer um seguro de viagem.

a) Defina o processo $X(t)$, número de passageiros no instante t que apanham esse voo e que fazem seguro de viagem. Verifique que não se trata de um processo de Poisson composto.

b) Calcule o número médio de passageiros que fizeram seguro de viagem.

❾. Demonstre a alínea c) do Teorema 4.

❿. Demonstre que num processo de Poisson generalizado se tem:

a) $v = -\ln\left(P[N(1) = 0]\right)$.

b) $P[N(t) = 1] = e^{-vt}vtp_1$ e $P[N(t) = 2] = \dfrac{e^{-vt}vt(vtp_1^2 + 2p_2)}{2}$.

⓫. A chegada de clientes a uma loja processa-se de acordo com um processo de Poisson, $\{N(t), t \geq 0\}$, à taxa $v = 10$ por hora. Independentemente uns dos outros, cada cliente realiza uma qualquer compra com probabilidade $p = 0.3$ e sai da loja sem nada comprar com probabilidade $q = 1 - p = 0.7$. Designe por $X(t)$ o número de clientes que efectuaram compras no período $(0,t]$. O processo $\{X(t), t \geq 0\}$ pode ser representado por,

$$X(t) = \sum_{k=1}^{N(t)} Y_k, \quad \text{com } Y_k = \begin{cases} 1, & p = 0.3 \\ \\ 0, & q = 0.7 \end{cases}$$

a) Diga e justifique que tipo de processo se trata e calcule a respectiva função característica.

b) Demonstre que a variável aleatória $X(t)$ tem distribuição de Poisson de parâmetro $\lambda = vpt$.

c) Calcule a probabilidade de três clientes terem comprado algo durante a primeira hora.

d) Admitindo que durante a primeira hora entraram 9 clientes na loja, determine a probabilidade de que três tenham comprado algo durante a primeira hora.

Capítulo III

Cadeias de Markov a tempo discreto

1. Probabilidades de transição e equação de Chapman-Kolmogorov

Como foi visto no primeiro capítulo, uma cadeia de Markov é um processo de Markov com espaço de estados finito ou infinito numerável. Neste capítulo vão-se estudar as cadeias de Markov a tempo discreto, as quais se passam a representar por $\{X_n, n-0,1,2,...\}$. Também se vão utilizar as seguintes notações,

$$p_j(n) = P[X_n = j]$$

$$p_{j,k}(m,n) = P[X_n = k | X_m = j],$$

sendo esta última probabilidade designada por **probabilidade de transição** do estado j para o estado k.

O conhecimento destas probabilidades para todos os instantes $0 \le m \le n$ e estados j e k, permite especificar completamente a lei de probabilidade de uma cadeia de Markov $\{X_n, n = 0,1,2,...\}$, de facto, para todo o inteiro q, quaisquer ins-

74 | Processos estocásticos e aplicações

tantes $n_1 < n_2 < ... < n_q$ e estados $k_1, ..., k_q$, tem-se pela propriedade de Markov,

$$P\left[X_{n_1} = k_1, ..., X_{n_q} = k_q \right] =$$

$$= P\left[X_{n_q} = k_q \mid X_{n_1} = k_1, ..., X_{n_{q-1}} = k_{q-1} \right] P\left[X_{n_1} = k_1, ..., X_{n_{q-1}} = k_{q-1} \right]$$

$$= P\left[X_{n_q} = k_q \mid X_{n_{q-1}} = k_{q-1} \right] P\left[X_{n_1} = k_1, ..., X_{n_{q-1}} = k_{q-1} \right]$$

$$= p_{k_{q-1}, k_q}(n_{q-1}, n_q) ... p_{k_1, k_2}(n_1, n_2) p_{k_1}(n_1) ,$$

que, como se pode reparar, traduz que a probabilidade de qualquer vector aleatório é função apenas das probabilidades de transição e da probabilidade do processo no instante inicial.

Numa **cadeia de Markov homogénea** as probabilidades de transição dependem apenas da diferença entre os instantes e escreve-se para todo $t \geq 0$,

$$p_{j,k}(n) = P\left[X_{t+n} = k \mid X_t = j \right] ,$$

isto é, estas probabilidades assumem sempre o mesmo valor desde que as variáveis estejam igualmente desfasadas.

As probabilidades de transição de uma cadeia de Markov satisfazem uma relação fundamental, designada por **equação de Chapman-Kolmogorov**,

$$p_{j,k}(m,n) = \sum_{i \in E} p_{j,i}(m,u) p_{i,k}(u,n) ,$$

quaisquer que sejam os instantes $0 \leq m < u < n$ e os estados j e k. Esta equação traduz que a probabilidade de transição do estado j para k é o resultado da soma das "passagens" por um estado intermédio i qualquer num certo instante u também intermédio e fixo. A demonstração desta equação faz-se sem grande dificuldade. De facto,

$$P\left[X_n = k \mid X_m = j\right] = \frac{\displaystyle\sum_{i \in E} P\left[X_m = j, X_u = i, X_n = k\right]}{P\left[X_m = j\right]}$$

$$= \sum_{i \in E} \frac{P\left[X_n = k \mid X_u = i\right] P\left[X_u = i, X_m = j\right]}{P\left[X_m = j\right]}$$

$$= \sum_{i \in E} P\left[X_u = i \mid X_m = j\right] P\left[X_n = k \mid X_u = i\right].$$

Tome-se uma cadeia de Markov com espaço de estados $E = \{0, 1, 2, \ldots\}$, as respectivas probabilidades de transição podem ser expressas através de uma matriz de dimensões infinitas,

$$P(m,n) = \begin{bmatrix} p_{0,0}(m,n) & p_{0,1}(m,n) & \cdots & p_{0,k}(m,n) & \cdots \\ p_{1,0}(m,n) & p_{1,1}(m,n) & \cdots & p_{1,k}(m,n) & \cdots \\ \cdots & \cdots & \cdots & \cdots & \cdots \\ \cdots & \cdots & \cdots & \cdots & \cdots \\ p_{j,0}(m,n) & p_{j,1}(m,n) & \cdots & p_{j,k}(m,n) & \cdots \\ \cdots & \cdots & \cdots & \cdots & \cdots \\ \cdots & \cdots & \cdots & \cdots & \cdots \end{bmatrix}$$

em que os seus elementos satisfazem as condições,

$$p_{j,k}(m,n) \geq 0 \quad \forall j,k$$

$$\sum_k p_{j,k}(m,n) = 1 \quad \forall j \, ,$$

significando esta última equação que o processo, estando no estado *j*, transita necessariamente para qualquer estado, incluindo o próprio.

A equação de Chapman-Kolmogorov terá, deste modo, uma correspondente equação em forma matricial,

$$P(m,n) = P(m,u)\, P(u,n),$$

a qual permite estabelecer por forma recursiva, para $m \leq n$,

$$P(m,n) = P(m,n-1)\, P(n-1,n)$$

$$= P(m,n-2)\, P(n-2,n-1)\, P(n-1,n)$$

$$\dots$$

$$= P(m,m+1)\, P(m+1,m+2)\dots P(n-1,n)\,,$$

o que evidencia que a matriz $P(m,n)$ fica completamente determinada a partir do conhecimento das sucessivas matrizes de probabilidade de transição a um passo, ou seja,

$$P(0,1),\ \ P(1,2),\ \ \dots\ ,\ \ P(n,n+1),\ \ \dots$$

Por sua vez, representando,

$$p(n) = \begin{bmatrix} p_0(n) \\ \dots \\ \dots \\ p_j(n) \\ \dots \\ \dots \end{bmatrix}$$

verifica-se,

$$p(n) = P^T(0,n)\, p(0),$$

de facto,

$$p_j(n) = \sum_i P\left[X_n = j, X_0 = i\right]$$

$$= \sum_i p_{i,j}(0,n)\, p_i(0)\,.$$

Na situação particular da cadeia de Markov ser homogénea, as probabilidades de transição a um passo são sempre iguais, o que implica que o mesmo sucede com as respectivas matrizes,

$$P(0,1) = \ P(1,2) = \ \dots \ = \ P(n,n+1) = \ \dots$$

Neste caso, representando,

$$P = \left[p_{i,j}\right] \quad \text{com} \quad p_{i,j} = P\left[X_{n+1} = j \,\middle|\, X_n = i\right],$$

conclui-se,

$$P(n) = \left[p_{i,j}(n)\right] = P^n$$

vindo portanto,

$$p(n) = (P^n)^T\, p(0).$$

Esta simplificação para as cadeias de Markov homogéneas, leva a concluir que a sua lei de probabilidade fica completamente estabelecida a partir do conhecimento apenas da probabilidade do estado inicial, $p(0)$ e da matriz P.

78 | Processos estocásticos e aplicações

OBSERVAÇÃO:

Numa cadeia de Markov $\{X_n, n = 0,1,2,...\}$, caso as probabilidades de transição a um passo sejam iguais para cada um dos estados i e j, isto é,

$$P\left[X_{t+1} = j \mid X_t = i\right] = p_{i,j}$$

é independente de t, as matrizes de probabilidade de transição a um passo são todas iguais a uma certa matriz P, o que leva a concluir que,

$$P(t, t+n) = \left[p_{i,j}(t, t+n)\right] = P^n,$$

verificando-se a homogeneidade da cadeia de Markov pelo facto desta matriz ser independente de t. Ou seja, basta que as probabilidades de transição a um passo não dependam de t, que o mesmo se pode concluir quanto às probabilidades de transição em n passos, implicando a homogeneidade da cadeia de Markov.

EXEMPLOS:

1. Considere-se uma sucessão de variáveis aleatórias discretas IID, $\{X_i, i = 1, 2,...\}$ tal que,

$$P\left[X_i = j\right] = a_j, \quad j = 0, \pm 1, \pm 2,...$$

e defina-se o processo $\{S_n, n = 0, 1, 2,...\}$,

$$S_0 = 0 \quad \text{e} \quad S_n = \sum_{i=1}^{n} X_i,$$

que representa, como se viu anteriormente, um passeio aleatório. Este processo é uma cadeia de Markov, de facto,

$$S_n = S_{n-1} + X_n,$$

ou seja, em cada instante o processo depende apenas, para além de X_n, do seu valor no instante imediatamente anterior. Além do mais, é uma cadeia de Markov homogénea, com efeito, as probabilidades de transição a um passo, uma vez que S_n não depende de X_{n+1}, vêm dadas por,

$$p_{i,j} = P\left[S_{n+1} = j \middle| S_n = i \right]$$

$$= P\left[X_{n+1} = j - i \middle| S_n = i \right]$$

$$= P\left[X_{n+1} = j - i \right] = a_{j-i},$$

significando que são independentes de n, sendo todas iguais para os mesmos estados i e j.

2. Admita-se que clientes afluem a um certo posto de serviço e que se este está ocupado formam uma fila de espera. Os clientes serão atendidos um por um, de acordo com a ordem de chegada. A situação descrita é típica e encontra-se presente em muitas ocasiões práticas em diversos domínios, tais como, por exemplo, chegada de clientes a um caixa de supermercado, chegada de doentes a um posto de urgência médica, chegada de viaturas a um posto de pagamento numa auto-estrada, etc.

Designe-se por X_n o número de clientes na fila de espera no preciso momento em que o n-ésimo cliente acaba de ser servido e por Y_n o número de clientes chegados entretanto à fila durante o período em que o $(n+1)$-ésimo cliente está a ser servido. Com facilidade se verifica,

$$X_{n+1} = \begin{cases} X_n - 1 + Y_n & \text{se } X_n > 0 \\ Y_n & \text{se } X_n = 0. \end{cases}$$

Uma vez que Y_n é independente de $X_1,..., X_n$, conclui-se que $\{X_n, n = 0,1,2,...\}$ representa uma cadeia de Markov a tempo discreto.

Admita-se, agora, que os sucessivos tempos de serviço de cada cliente são variáveis aleatórias IID e que Y_n tem a seguinte distribuição de probabilidade,

$$P[Y_n = k] = a_k, \quad k = 0, 1, 2,...$$

Nestas circunstâncias, as probabilidades de transição a um passo da cadeia de Markov são dadas por,

$$p_{0,k}(n, n+1) = P[Y_n = k] = a_k, \quad k \geq 0$$

$$p_{j,k}(n, n+1) = P[Y_n = k - j + 1] = a_{k-j+1}, \quad k \geq j - 1$$

$$p_{j,k}(n, n+1) = 0, \quad k < j - 1,$$

que, como se verifica, não dependem de n, significando que se está perante uma cadeia de Markov homogénea, com matriz P,

$$P = \begin{bmatrix} a_0 & a_1 & a_2 & a_3 & ... \\ a_0 & a_1 & a_2 & a_3 & ... \\ 0 & a_0 & a_1 & a_2 & ... \\ 0 & 0 & a_0 & a_1 & ... \\ 0 & 0 & 0 & a_0 & ... \\ ... & ... & ... & ... & ... \end{bmatrix}$$

3. Considere-se uma cadeia de Markov homogénea $\{X_n, n = 0,1,2,...\}$ com espaço de estados $E = \{1, 2, 3, 4\}$ e probabilidades de transição a um passo descritas pelo seguinte grafo:

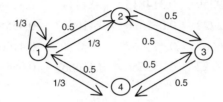

A matriz probabilidade de transição a um passo vem,

$$P = \begin{bmatrix} \frac{1}{3} & \frac{1}{3} & 0 & \frac{1}{3} \\ 0.5 & 0 & 0.5 & 0 \\ 0 & 0.5 & 0 & 0.5 \\ 0.5 & 0 & 0.5 & 0 \end{bmatrix}.$$

Nestas condições tem-se, por exemplo, $p_{1,3}(1) = 0$, e de acordo com a equação de Chapman-Kolmogorov, obtém-se

$$p_{1,3}(2) = \sum_{i=1}^{4} p_{1,i}(1) p_{i,3}(1)$$

$$= p_{1,2}(1) p_{2,3}(1) + p_{1,4}(1) p_{4,3}(1) = \tfrac{1}{3}$$

$$p_{1,4}(3) = \sum_{i=1}^{4} p_{1,i}(1) p_{i,4}(2)$$

$$= p_{1,1}(1) p_{1,4}(2) + p_{1,2}(1) p_{2,4}(2) + p_{1,4}(1) p_{4,4}(2) = 0.314815.$$

Esta última probabilidade pode ser obtida mais facilmente, tendo em conta que,

$$\left[p_{i,j}(3) \right] = P^3$$

$$= \begin{bmatrix} 0.259259 & 0.314815 & 0.1111 & 0.314815 \\ 0.472222 & 0.055556 & 0.416667 & 0.055556 \\ 0.166667 & 0.416667 & 0 & 0.416667 \\ 0.472222 & 0.055556 & 0.416667 & 0.055556 \end{bmatrix}$$

onde o elemento desta matriz correspondente à intersecção da primeira linha com a quarta coluna representa, como se sabe, o valor de $p_{1,4}(3)$.

Admitindo, agora, que a distribuição do estado inicial da cadeia é conhecida,

$$p(0) = \left[p_j(0) \right] = \begin{bmatrix} \frac{1}{4} \\ \frac{1}{4} \\ \frac{1}{4} \\ \frac{1}{4} \end{bmatrix}$$

tem-se, por exemplo, que a probabilidade de a cadeia assumir um qualquer estado no instante $n = 3$ vem dada por,

$$p(3) = \left[p_j(3) \right]$$

$$= \left(P^3 \right)^T p(0)$$

$$= \begin{bmatrix} 0.342593 \\ 0.210649 \\ 0.236110 \\ 0.210649 \end{bmatrix}.$$

2. Classificação dos estados

Considere-se uma cadeia de Markov homogénea, $\{X_n, n = 0,1,2,...\}$ com espaço dos estados o conjunto dos números inteiros não negativos, $E = \{0, 1, 2, 3,...\}$.

O estado j diz-se **acessível** a partir do estado i, simbolicamente $i \to j$, quando j pode ser atingido a partir de i num número finito de passos, ou seja, existe um inteiro $n \geq 0$ para o qual $p_{i,j}(n) > 0$ ($n > 0$ se $i \neq j$). No caso de $i \to j$ e $j \to i$, os estados dizem-se **comunicantes**, escrevendo-se $i \leftrightarrow j$.

Teorema 1: *A comunicação entre estados é uma relação de equivalência, isto é,*

a) $i \leftrightarrow j$ *(reflexiva);*

b) $i \leftrightarrow j$ *então* $j \leftrightarrow i$ *(simétrica);*

c) $i \leftrightarrow k$ *e* $k \leftrightarrow j$ *então* $i \leftrightarrow j$ *(transitiva).*

DEMONSTRAÇÃO:

A alínea a) vem do facto de $p_{i,i}(0) = 1$ e a b) resulta imediata da definição. Veja se a c). Como,

$$i \leftrightarrow k \quad \exists m : p_{i,k}(m) > 0$$

$$k \leftrightarrow j \quad \exists n : p_{k,j}(n) > 0 \,,$$

pela equação de Chapman-Kolmogorov vem que existe um inteiro $m+n$ tal que,

$$p_{i,j}(m+n) = \sum_r p_{i,r}(m)\, p_{r,j}(n) \geq p_{i,k}(m)\, p_{k,j}(n) > 0 \cdot$$

Por um argumento análogo existirá um inteiro $n' : p_{j,i}(n') > 0$.

♦

84 | Processos estocásticos e aplicações

A relação de equivalência acabada de provar, permite efectuar uma partição em classes de equivalência sobre o espaço dos estados, estabelecendo que dois estados comunicantes pertencerão à mesma classe de equivalência, assim designadas por **classes comunicantes**.

A cadeia de Markov diz-se **irredutível** quando o conjunto dos estados admitir apenas uma única classe comunicante, isto é, todos os seus estados comunicam entre si.

EXEMPLO:

Tome-se uma cadeia de Markov homogénea com matriz de transição a um passo,

$$\begin{bmatrix} 0.2 & 0.7 & 0.07 & 0.03 \\ 0.2 & 0.6 & 0.12 & 0.08 \\ 0 & 0.2 & 0.7 & 0.1 \\ 0 & 0 & 0.2 & 0.8 \end{bmatrix}.$$

A cadeia de Markov é irredutível. Na verdade, os casos aparentemente duvidosos verificam ser comunicantes:

a) $2 \to 0$, de facto o estado 0 pode ser atingido em dois passos, $2 \to 1$ e $1 \to 0$;

b) $3 \to 0$, em três passos a partir de $3 \to 2$, $2 \to 1$ e $1 \to 0$;

c) $3 \to 1$, em dois passos, $3 \to 2$ e $2 \to 1$.

Considere-se um estado i qualquer de uma cadeia de Markov homogénea $\{X_n, n = 0,1,2,...\}$ e defina-se,

$$d_i = m.d.c.\{n : p_{i,i}(n) > 0\}.$$

O estado i diz-se **periódico** de período d_i se $d_i > 1$, ou seja, d_i é tal que, qualquer inteiro n que possua a propriedade de a cadeia voltar ao estado i em n passos, será necessariamente múltiplo de d_i. O estado i será **aperiódico** caso contrário, isto é, $d_i = 1$. A **cadeia** diz-se **aperiódica** se todos os seus estados forem aperiódicos.

OBSERVAÇÃO:

Se, por exemplo, a probabilidade de transição a um passo entre um mesmo estado for não nula, $p_{i,i} > 0$, tem-se necessariamente que $m.d.c.\{n: p_{i,i}(n) > 0\} = 1$ e o estado i será aperiódico. Esta condição sobre a probabilidade de transição a um passo permite estabelecer uma condição suficiente de não periodicidade de um estado i.

EXEMPLO:

Considere-se uma cadeia de Markov homogénea em que probabilidades de transição a um passo são descritas pelo seguinte grafo:

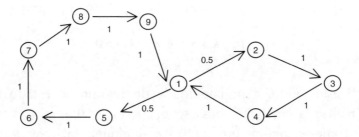

Como facilmente se verifica, por aplicação sucessiva da equação de Chapman-Kolmogorov, tem-se, por exemplo, neste caso,

$$p_{1,1}(4) = p_{1,2}p_{2,1}(3) = \ldots = p_{1,2}p_{2,3}p_{3,4}p_{4,1} > 0.$$

Nestas condições,

$$d_1 = m.d.c.\{4, 6, 8, 10,...\} = 2,$$

isto é, o estado 1 tem período igual a 2. Note-se, no entanto, que o facto do período ser 2, não significa que seja possível o retorno ao estado 1 em dois passos.

Verifica-se também que a cadeia é irredutível, todos os seus estados são comunicantes, e, além disso, todos apresentam um período igual a 2. Este exemplo vem confirmar o resultado estabelecido no teorema que se segue.

Teorema 2: *Numa cadeia de Markov homogénea tem-se,*

$$i \leftrightarrow j \implies d_i = d_j,$$

ou seja, estados comunicantes apresentam o mesmo período.

DEMONSTRAÇÃO:

Admita-se que o estado j é acessível a partir de i $(i \to j)$ em k_1 passos e que i é acessível de j $(j \to i)$ em k_2 passos, isto é,

$$p_{i,j}(k_1) > 0 \text{ e } p_{j,i}(k_2) > 0.$$

Deste modo, a probabilidade de retorno ao estado j pode ser realizada em $k_1 + k_2$ passos, $p_{j,j}(k_1 + k_2) > 0$.

Tome-se, agora, um inteiro n qualquer, tal que $p_{i,i}(n) > 0$, pode-se, então, dizer que $n = \dot{d}_i$, ou seja, n é múltiplo do período correspondente ao estado i. Por outro lado, o retorno ao estado j é possível realizar-se em $k_2 + n + k_1$ e em $k_2 + 2n + k_1$ passos,

$$p_{j,j}(k_1 + n + k_2) > 0 \text{ e } p_{j,j}(k_1 + 2n + k_2) > 0,$$

o que significa que $k_2 + n + k_1 = d_j$ e $k_2 + 2n + k_1 = d_j$, podendo-se então afirmar que d_j é divisor de n, qualquer que ele seja desde que pertença ao conjunto $\{n : p_{i,i}(n) > 0\}$. Assim, conclui-se que d_j é também divisor de $d_i = m.d.c.\{n : p_{i,i}(n) > 0\}$.

Usando um raciocínio semelhante, chegava-se a que d_i também divide d_j, o que implica a igualdade entre os dois perío-dos.

$\blacklozenge$

Considere-se um estado i qualquer da cadeia de Markov homogénea e represente-se por $f_{i,i}^{(n)}$ a probabilidade de o pro-cesso, tendo ocupado esse estado em determinado instante, vol-tar pela primeira vez a esse estado em n passos,

$$f_{i,i}^{(n)} = P\left[X_n = i, \ X_m \neq i, \ m = 1, 2, ..., n-1 \mid X_0 = i\right].$$

Esta probabilidade é designada por **probabilidade de 1º retorno ao estado i em n passos**. Defina-se ainda,

$$f_{i,j}^{(n)} = P\left[X_n = j, \ X_m \neq j, \ m = 1, 2, ..., n-1 \mid X_0 = i\right],$$

como sendo a **probabilidade da 1ª passagem pelo estado j em n passos a partir do estado i**. Por convenção toma-se $f_{i,j}^{(0)} = 0, \ i \neq j$ e $f_{i,i}^{(0)} = 1$.

Teorema 3: *Para todos $i, \ j \in E$ e n inteiro, tem-se,*

$$p_{i,j}(n) = \sum_{m=1}^{n} f_{i,j}^{(m)} \ p_{j,j}(n-m).$$

DEMONSTRAÇÃO:

Não se fará a demonstração formal deste resultado, podendo ser consultada em Parzen (1999). No entanto, pode-se constatar intuitivamente que o resultado é credível. De facto, a transição de i para j em n passos pode ser dada como a soma de todas as possibilidades da se passar de i para j pela primeira vez em $m\,(m = 1,2,...,n)$ passos ($f_{i,j}^{(m)}$) e, depois, de retornar ao estado j nos n-m passos seguintes ($p_{j,j}(n-m)$).

♦

A probabilidade de 1º retorno ao estado i em qualquer número de passos vem dada por,

$$f_{i,i} = \sum_{n=1}^{\infty} f_{i,i}^{(n)},$$

tendo-se, portanto, $f_{i,i} \leq 1$. No caso de $f_{i,i} = 1$, o retorno ao estado i é um acontecimento certo, o estado i diz-se **recorrente** ou **persistente** e uma cadeia de Markov onde todos os seus estados são recorrentes designa-se por **cadeia recorrente**. Quando $f_{i,i} < 1$, o estado diz-se **transitório** ou **não recorrente**.

OBSERVAÇÃO:

Numa cadeia de Markov irredutível e com espaço de estados finito, verifica-se que a cadeia é recorrente, isto é, todos os seus estados têm probabilidade de retorno igual a um. Com efeito, se o espaço dos estados não for finito já não se pode assegurar que o retorno seja certo.

No caso em que o estado i é recorrente, as probabilidades $\left\{f_{i,i}^{(n)}, n=1,2,...\right\}$ definem uma distribuição de probabilidade, cujo valor médio,

$$\mu_{i,i} = \sum_{n=1}^{\infty} n f_{i,i}^{(n)}$$

é designado por **tempo médio de recorrência do estado i**. Se $\mu_{i,i} < \infty$ o estado i é **recorrente positivo** e se $\mu_{i,i} = \infty$, o estado i é **recorrente nulo**. É usual designar-se um estado recorrente positivo e aperiódico por um **estado ergódico**.

Represente-se,

$$f_{i,j} = \sum_{n=1}^{\infty} f_{i,j}^{(n)}$$

como a probabilidade de a cadeia visitar o estado j a partir de i em qualquer número de passos. Caso esta probabilidade seja igual a um, $f_{i,j} = 1$, está-se perante uma distribuição de probabilidade $\left\{f_{i,j}^{(n)}, n=1,2,...\right\}$ e pode-se considerar o correspondente valor médio, caso exista,

$$\mu_{i,j} = \sum_{n=1}^{\infty} n f_{i,j}^{(n)} \; ,$$

designado por **tempo médio da 1ª passagem por j a partir de i**.

Um **estado j** diz-se **absorvente** se $p_{j,j} = 1$, significando que, uma vez a cadeia visite este estado, nunca mais o pode deixar. Como é evidente, um estado absorvente é necessariamente recorrente, o retorno a esse estado é certo. Numa situação destas, é usual chamar-se à probabilidade $f_{i,j}$, **probabilidade de absorção em j**, tendo-se saído de i.

EXEMPLO:

Considere-se uma cadeia de Markov homogénea com espaço de estados E = {1,2,3,4} e matriz probabilidade de transição a um passo,

$$P = \begin{bmatrix} 1/2 & 1/2 & 0 & 0 \\ 1 & 0 & 0 & 0 \\ 0 & 1/3 & 2/3 & 0 \\ 1/2 & 0 & 1/2 & 0 \end{bmatrix}$$

O correspondente grafo virá,

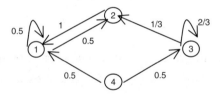

Os estados 1 e 2 são recorrentes,

$$f_{1,1} = f_{1,1}^{(1)} + f_{1,1}^{(2)} = \tfrac{1}{2} + \tfrac{1}{2} = 1$$

$$f_{2,2} = f_{2,2}^{(1)} + f_{2,2}^{(2)} + \ldots + f_{2,2}^{(n)} + \ldots = 0 + \tfrac{1}{2} + \left(\tfrac{1}{2}\right)^2 + \ldots + \left(\tfrac{1}{2}\right)^{n-1} + \ldots = 1,$$

sendo os respectivos tempos médios de recorrência finitos, o que implica que estes dois estados são recorrentes positivos,

$$\mu_{1,1} = \sum_{n=1}^{\infty} n f_{1,1}^{(n)} = \tfrac{1}{2} + 1 = \tfrac{3}{2}$$

$$\mu_{2,2} = \sum_{n=1}^{\infty} n f_{2,2}^{(n)} = \sum_{n=2}^{\infty} n \left(\tfrac{1}{2}\right)^{n-1} = 3.$$

Os estados 3 e 4 são transitórios,

$$f_{3,3}^{(1)} = \tfrac{2}{3} \text{ e } f_{3,3}^{(n)} = 0, \quad n > 1$$

$$f_{4,4}^{(n)} = 0, \quad n \geq 1 .$$

Além disso,

$$p_{1,1}(n) > 0, \quad n = 1, 2, 3, \ldots$$

$$p_{2,2}(n) > 0, \quad n = 2, 3, \ldots ,$$

vindo $d_1 = d_2 = 1$, significando que os estados são ergódicos. Verifica-se, também, que estes estados satisfazem o estabelecido no Teorema 2.

Enunciam-se em seguida um conjunto de teoremas para os quais não se apresentam as respectivas demonstrações, por serem demasiado técnicas e, por este motivo, pouco adiantam para a compreensão e estudo das cadeias de Markov a tempo discreto, ao nível do presente curso. No entanto, em Karlin e Taylor (1975) o leitor pode aprofundar o seu estudo, encontrando aí as referidas demonstrações.

Teorema 4: *A seguinte condição é necessária e suficiente para que o estado j seja recorrente,*

$$\sum_{n=1}^{\infty} p_{j,j}(n) = \infty .$$

Corolário: *O estado j é transitório se e só se,*

$$\sum_{n=1}^{\infty} p_{j,j}(n) < \infty .$$

OBSERVAÇÃO:

1. Este teorema e o respectivo corolário representam critérios para que um determinado estado seja recorrente ou transitório.

2. A demonstração do corolário surge imediata do enunciado do teorema, com efeito, caso o somatório referido seja finito o correspondente estado nunca poderá ser recorrente; por sua vez, se o estado for transitório, o respectivo somatório terá de ser finito.

O corolário anterior pode ser generalizado no seguinte teorema, obtendo-se um critério de não recorrência alternativo.

Teorema 5: *O estado j é transitório sse,*

$$\sum_{n=1}^{\infty} p_{i,j}(n) < \infty,$$

para todo $j \in E$.

OBSERVAÇÃO:

Como consequência deste teorema tem-se que para um estado transitório qualquer j,

$$p_{i,j}(n) \to 0 \quad \text{com} \quad n \to \infty, \quad \forall i \in E.$$

Teorema 6: *Se j é recorrente e $i \leftrightarrow j$, então i também é recorrente.*

Cadeias de Markov a tempo discreto | 93

OBSERVAÇÕES:

1. Basta provar-se a recorrência de um estado para se concluir pela recorrência de qualquer outro estado que lhe seja comunicante.

2. Como consequência deste teorema, pode-se também concluir que uma classe comunicante verifica uma das duas seguintes condições: é uma classe recorrente (todos os seus estados são recorrentes) ou é uma classe não recorrente (todos os seus estados são transitórios).

3. O resultado deste teorema pode ser verificado, em particular, no exemplo anterior.

Um conjunto não vazio C de estados forma uma **classe fechada** se nenhum estado fora desta classe é acessível a partir de qualquer estado pertencente à classe. Em termos formais, significa que para todo $i \in C$ e para todo $j \notin C$ se tem, $p_{i,j}(n) = 0$, $n = 1, 2, \ldots$. Ou seja, caso a cadeia de Markov "entre" numa classe fehada, não tem possibilidade de a deixar.

Teorema 7: *Uma classe C comunicante e recorrente é uma classe fechada.*

DEMONSTRAÇÃO:

Suponha-se por absurdo que a classe C não era fechada, isto significava que, tomando $i \in C$ e $j \notin C$ $\exists n: p_{i,j}(n) > 0$. Então, nesse caso $p_{j,k}(m) = 0$ para todo $k \in C$ e para todo o m, de facto, se houvesse alguma possibilidade de k ser acessível a partir de j, implicaria que j pertenceria a C comunicante, o que não pode ser. Sendo assim, como aquela probabilidade é nula, o estado $i \in C$ deixaria de ser recorrente, o retorno a este estado deixaria de ser certo.

♦

EXEMPLO:

Numa central telefónica observa-se minuto a minuto se determinada linha está ou não ocupada e estimou-se que a probabilidade de a linha se encontrar ocupada em certo instante, se tinha estado desocupada no instante anterior, tomava o valor 0.8 e que a probabilidade de a linha estar desocupada em certo instante, se esteve ocupada no instante anterior, assumia o valor 0.6.

A situação descrita pode ser representada por uma cadeia de Markov homogénea $\{X_n, n = 0,1,2,...\}$ com espaço de estados $E = \{0, 1\}$, correspondendo os estados 0 e 1 a linha desocupada e ocupada respectivamente. Sendo assim, tem-se,

$$p_{0,1} = 0.8 \quad \text{e} \quad p_{1,0} = 0.6,$$

vindo a matriz probabilidade de transição a um passo,

$$P = \begin{bmatrix} 0.2 & 0.8 \\ 0.6 & 0.4 \end{bmatrix}.$$

Nestas condições, tem-se,

$$P^3 = \begin{bmatrix} 0.392 & 0.608 \\ 0.456 & 0.544 \end{bmatrix},$$

significando que, por exemplo, se encontra,

$$p_{1,1}(3) = 0.544,$$

ou seja, obtém-se a probabilidade de uma linha, estando ocupada, permanecer ocupada no terceiro minuto.

Cadeias de Markov a tempo discreto | 95

O estado zero, linha desocupada, é persistente, de facto,

$$f_{0,0} = 0.2 + 0.48 \sum_{k=0}^{\infty} (0.4)^k = 1 \, ,$$

vindo o seu tempo médio de recorrência,

$$\mu_{0,0} = 0.2 + 0.48 \sum_{k=2}^{\infty} k(0.4)^{k-2} = 2.333 \, ,$$

significando que em média o tempo que leva a uma linha desocupada voltar a estar de novo e pela primeira vez na situação de desocupada é de 2.333 minutos.

3. Teoremas limite

Viu-se no parágrafo anterior (Teorema 5), que para um estado j transitório, se tinha $p_{i,j}(n) \to 0$ com $n \to \infty$, $\forall i \in E$. Ou seja, ao fim de um grande número de passos, a probabilidade de ocupação de um estado transitório aproxima-se de zero, qualquer que seja o estado ocupado inicialmente.

Neste parágrafo vai-se alargar o estudo do comportamento assintótico das probabilidades de transição, quando o estado de chegada é recorrente. O resultado fundamental deste estudo baseia-se no estabelecimento do seguinte lema (v. Karlin e Taylor (1975)) para sucessões reais.

Lema: *Seja* $\{a_n, n = 0, 1, 2, ...\}$ *uma sucessão de números reais tal que* $a_0 = 0$, $a_n \geq 0$, $\sum a_n = 1$ *e* $m.d.c.\{n : a_n > 0\} = 1$. *Tome-se para* $n \geq 1$,

$$u_n = \sum_{k=0}^{n} a_{n-k} u_k \, ,$$

com $u_0 = 1$. *Então, se* $\sum_{n=0}^{\infty} na_n < \infty$,

$$\lim_{n \to \infty} u_n = \frac{1}{\sum_{n=0}^{\infty} na_n}.$$

Caso, $\sum_{n=0}^{\infty} na_n = \infty$ *tem-se* $\lim_{n \to \infty} u_n = 0$.

Tendo em conta este Lema, pode-se demonstrar o teorema que se segue.

Teorema 8: *Considere-se uma cadeia de Markov* $\{X_n, n = 0,1, 2,...\}$ *irredutível em que todos os seus estados sejam recorrentes e aperiódicos. Então, designando* $\mu_{j,j}$ *o tempo médio de recorrência de um estado j, tem-se,*

a)
$$\lim_{n \to \infty} p_{j,j}(n) = \begin{cases} \mu_{j,j}^{-1} & se \ \ \mu_{j,j} < \infty \ \ (j \ recorrente \ positivo) \\ \\ 0 & se \ \ \mu_{j,j} = \infty \ \ (j \ recorrente \ nulo). \end{cases}$$

b) *Para todo* $i \in E$,

$$\lim_{n \to \infty} p_{i,j}(n) = \begin{cases} \mu_{j,j}^{-1} & se \ \ \mu_{j,j} < \infty \ \ (j \ recorrente \ positivo) \\ \\ 0 & se \ \ \mu_{j,j} = \infty \ \ (j \ recorrente \ nulo). \end{cases}$$

DEMONSTRAÇÃO:

a) O Teorema 3 do parágrafo anterior estabelece,

$$p_{i,j}(n) = \sum_{m=1}^{n} f_{i,j}^{(m)} \, p_{j,j}(n-m)$$

$$= \sum_{k=0}^{n} f_{i,j}^{(n-k)} \, p_{j,j}(k) \quad (f_{i,j}(0) = 0).$$

Em particular virá,

$$p_{j,j}(n) = \sum_{k=0}^{n} f_{j,j}^{(n-k)} \, p_{j,j}(k).$$

Aplicando o Lema anterior com $u_n = p_{j,j}(n)$ e $a_n = f_{j,j}^{(n)}$, tem-se,

$$a_0 = f_{j,j}^{(0)} = 0, \quad a_n = f_{j,j}^{(n)} \geq 0 \quad \text{e} \quad \sum_{n=0}^{\infty} a_n = \sum_{n=0}^{\infty} f_{j,j}^{(n)} = 1 \quad (j \text{ é recorrente}).$$

Além disso, como o estado j é aperiódico, $m.d.c.\left\{n : f_{j,j}^{(n)} > 0\right\}$ $= m.d.c.\left\{n : p_{j,j}(n) > 0\right\} = 1$.

Nestas condições, o resultado surge evidente por aplicação do Lema anterior.

b) Esta demonstração que não se apresenta por ser tecnicamente mais elaborada, pode, no entanto, ser consultada em Karlin e Taylor (1975).

♦

OBSERVAÇÕES:

1. Uma classe C comunicante e recorrente, viu-se (Teorema 7) que era fechada, significando que para todo $i \in C$ e para todo $j \notin C$ se tinha $p_{i,j}(n) = 0$, $n = 1, 2, \ldots$, vindo em particular, para $n = 1$ e para esses mesmos estados que $p_{i,j} = 0$. Nestas circunstâncias a submatriz $\left[p_{i,k} \right]$ com $i,k \in C$ é uma matriz probabilidade de transição a um passo, de facto,

$$\sum_k p_{i,k} = 1,$$

e a correspondente cadeia de Markov a ela associada será irredutível e recorrente. Deste modo, o teorema anterior manter-se-á válido para qualquer classe particular de estados que sejam comunicantes, recorrentes e aperiódicos.

2. Este teorema pode ser generalizado quando os estados são periódicos. Assim, se o estado j tiver período d_j, demonstra-se que,

$$\lim_{n \to \infty} p_{j,j}(nd_j) = \begin{cases} d_j\, \mu_{j,j}^{-1} & \text{se } \mu_{j,j} < \infty \quad (j \text{ recorrente positivo}) \\[2mm] 0 & \text{se } \mu_{j,j} = \infty \quad (j \text{ recorrente nulo}). \end{cases}$$

Considere-se uma cadeia de Markov homogénea $\{X_n, n = 0,1,2,\ldots\}$. Diz-se que uma **distribuição de probabilidade** $\left\{ p_j, j = 0, 1, 2,\ldots \right\}$ $(p_j \geq 0,\ \forall j$ e $\sum_j p_j = 1)$ é **estacionária** para a cadeia de Markov se for válida a seguinte relação,

$$p_j = \sum_{i=0}^{\infty} p_i\, p_{i,j}, \quad \forall j \geq 0,$$

em que $p_{i,j} = P\left[X_{n+1} = j \mid X_n = i\right]$.

Teorema 9: *Seja* $\left\{p_j, j = 0, 1, 2,...\right\}$ *uma distribuição estacionária para a cadeia de Markov homogénea* $\left\{X_n, n = 0,1,2,...\right\}$. *Então,*

$$p_j = \sum_{i=0}^{\infty} p_i\, p_{i,j}(n), \quad \forall j \geq 0 .$$

DEMONSTRAÇÃO:

Vai-se fazer a demonstração por indução. Tomando $n = 1$, a equação verifica-se porque se está perante uma distribuição estacionária. Admita-se, agora, que a expressão é válida para $n-1$ e prove-se que também se verifica para n. De facto,

$$\sum_{i=0}^{\infty} p_i p_{i,j}(n) = \sum_{i=0}^{\infty} p_i \sum_{h=0}^{\infty} p_{i,h} p_{h,j}(n-1)$$

$$- \sum_{h=0}^{\infty} (\sum_{i=0}^{\infty} p_i p_{i,h}) p_{h,j}(n-1)$$

$$= \sum_{h=0}^{\infty} p_h p_{h,j}(n-1) = p_j.$$

◆

Uma outra consequência interessante do conceito de distribuição estacionária, prende-se quando ele está presente na distribuição do estado inicial da cadeia de Markov. Assim, admita-se que a distribuição de probabilidade do estado inicial X_0,

$$p_j(0) = P\left[X_0 = j\right]$$

é estacionária para a cadeia de Markov, isto é,

$$p_j(0) = \sum_{i=0}^{\infty} p_i(0) p_{i,j}, \quad \forall j \ge 0.$$

Então, esta distribuição coincide com a distribuição do estado X_1, com efeito,

$$p_j(1) = P\left[X_1 = j\right]$$

$$= \sum_{i=0}^{\infty} p_i(0) p_{i,j}$$

$$= p_j(0).$$

Procedendo de forma análoga, chegar-se-ia por indução à conclusão que para todo o inteiro n,

$$p_j(n) = P\left[X_n = j\right] = p_j(0), \quad \forall j,$$

ou seja, caso a distribuição do estado inicial seja estacionária, todos os outros estados terão a mesma distribuição do estado inicial. Nestas circunstâncias, a cadeia de Markov $\{X_n, n = 0,1, 2,...\}$ será sempre fortemente estacionária. De facto, pode verificar-se que dois vectores aleatórios, qualquer que seja a sua dimensão e o desfasamento entre eles, terão sempre a mesma distribuição de probabilidade. Em particular, para vectores bidimensionais tem-se, com $n < m$,

$$P\left[X_n = i, X_m = j\right] = p_{i,j}(m - n) p_i(0) = P\left[X_{n+h} = i, X_{m+h} = j\right].$$

Cadeias de Markov a tempo discreto | 101

Teorema 10: *Considere-se uma cadeia de Markov homogénea* $\{X_n, n=0,1,2,...\}$. *irredutível, aperiódica e com todos os seus estados recorrentes positivos, ou seja, uma cadeia para a qual existe* π_j *tal que,*

$$\pi_j = \lim_{n \to \infty} p_{i,j}(n), \, j = 0, \, 1, \, 2, \, ... \, .$$

Então, $\{\pi_j, j = 0, 1, 2, ...\}$ *constitui uma distribuição de probabilidade estacionária para a cadeia de Markov, ou seja,*

$$\pi_j \geq 0, \; \forall j, \quad \sum_{j=0}^{\infty} \pi_j = 1 \quad e \quad \pi_j = \sum_{i=0}^{\infty} \pi_i \, p_{i,j} \, .$$

Além disso, esta distribuição é a única distribuição estacionária para a cadeia de Markov.

DEMONSTRAÇÃO:

Para todo n e M tem-se,

$$\sum_{j=0}^{M} p_{i,j}(n) \leq \sum_{j=0}^{\infty} p_{i,j}(n) = 1 \, .$$

Fazendo $n \to \infty$ vem para todo M,

$$\sum_{j=0}^{M} \pi_j \leq 1 \, ,$$

o que implica,

$$\sum_{j=0}^{\infty} \pi_j \leq 1 \, ,$$

ou seja, a série é convergente.

Por outro lado, qualquer que seja M,

$$p_{i,j}(n+1) = \sum_{k=0}^{\infty} p_{i,k}(n)p_{k,j} \geq \sum_{k=0}^{M} p_{i,k}(n)p_{k,j}.$$

Tomando o limite quando $n \to \infty$,

$$\pi_j \geq \sum_{k=0}^{M} \pi_k p_{k,j}, \quad \forall M,$$

implicando,

$$\pi_j \geq \sum_{k=0}^{\infty} \pi_k p_{k,j}, \quad j \geq 0.$$

Multiplique-se esta desigualdade por $p_{j,i}$ e some-se em j,

$$\sum_{j=0}^{\infty} \pi_j p_{j,i} \geq \sum_{j=0}^{\infty} \sum_{k=0}^{\infty} \pi_k p_{k,j} p_{j,i}$$

$$= \sum_{k=0}^{\infty} \pi_k p_{k,i}(2).$$

Ora, o primeiro membro desta inequação é, pela desigualdade anterior, menor ou igual a π_i, donde se conclui, para todo $j \geq 0$,

$$\pi_j \geq \sum_{k=0}^{\infty} \pi_k p_{k,j}(2).$$

Por indução chegar-se-ia,

$$\pi_j \geq \sum_{k=0}^{\infty} \pi_k p_{k,j}(n), \quad j \geq 0.$$

Suponha-se, por absurdo, que apenas se verificava a desigualdade estrita. Então somando em j viria,

$$\sum_{j=0}^{\infty} \pi_j > \sum_{j=0}^{\infty} \sum_{k=0}^{\infty} \pi_k p_{k,j}(n)$$

$$= \sum_{k=0}^{\infty} \pi_k \sum_{j=0}^{\infty} p_{k,j}(n)$$

$$= \sum_{k=0}^{\infty} \pi_k ,$$

sendo manifestamente contraditório. Nestas condições, tem-se para todo n (em particular para $n = 1$),

$$\pi_j = \sum_{k=0}^{\infty} \pi_k p_{k,j}(n) .$$

Nesta igualdade, fazendo $n \to \infty$, uma vez que a série $\sum_{j=0}^{\infty} \pi_j$ é convergente, tem-se, pelo teorema da convergência dominada,

$$\pi_j = \sum_{k=0}^{\infty} \pi_k \lim_{n \to \infty} p_{k,j}(n) = \pi_j \sum_{k=0}^{\infty} \pi_k , \quad \forall j .$$

Conclui-se deste modo,

$$\sum_{k=0}^{\infty} \pi_k = 1 ,$$

104 | Processos estocásticos e aplicações

visto que $\pi_j > 0$, pelo facto de a cadeia ser recorrente positiva (Teorema 8).

Demonstrou-se que $\{\pi_j, j = 0, 1, 2, ...\}$ constitui uma distribuição estacionária, falta provar que esta distribuição é única. Por absurdo, admita-se a existência de outra distribuição estacionária $\{u_j, j = 0, 1, 2, ...\}$. Então, pelo Teorema 9, ter-se-ia,

$$u_k = \sum_{j=0}^{\infty} u_j p_{j,k}(n),$$

tomando o limite,

$$u_k = \sum_{j=0}^{\infty} u_j \lim_{n \to \infty} p_{j,k}(n) = \pi_k \sum_{j=0}^{\infty} u_j = \pi_k, \quad \forall k.$$

♦

Corolário: *Para todo n e j tem-se,*

$$\pi_j = \sum_{i=0}^{\infty} \pi_i \, p_{i,j}(n).$$

OBSERVAÇÕES:

1. Na demonstração deste teorema pode-se constatar que a exigência relativa às propriedades da cadeia de Markov apenas está presente para assegurar a existência do limite das probabilidades de transição $p_{i,j}(n)$ (Teorema 8).

2. O corolário surge como consequência do Teorema 9, uma vez que $\{\pi_j, j = 0, 1, 2, ...\}$ é uma distribuição estacionária.

3. Tal como para o Teorema 8, este teorema também é válido para uma classe particular com as mesmas características da cadeia de Markov enunciada.

Cadeias de Markov a tempo discreto | 105

4. Numa cadeia irredutível e aperiódica, mas com todos os seus estados transitórios ou recorrentes nulos, viu--se anteriormente (Teorema 5 e Teorema 8) que se tinha, $p_{i,j}(n) \to 0$. Nestes casos, não existirá distribuição estacionária. Com efeito, se existisse uma distribuição estacionária $\{u_j, j = 0, 1, 2, ...\}$, ter-se-ia pelo Teorema 9,

$$u_j = \sum_{i=0}^{\infty} u_i \, p_{i,j}(n) .$$

Tomando o limite quando $n \to \infty$ nesta expressão, tem-se,

$$u_j = \sum_{i=0}^{\infty} u_i \, \lim_{n \to \infty} p_{i,j}(n) = 0, \quad \forall j ,$$

ou seja, $\{u_j, j = 0, 1, 2, ...\}$ nunca poderia ser uma distribuição estacionária.

Uma cadeia de Markov homogénea $\{X_n, n = 0,1,2,...\}$ diz--se que tem uma **distribuição limite** se existir uma distribuição de probabilidade $\{\pi_j, j = 0, 1, 2, ...\}$ tal que para todo i e j se tem,

$$\lim_{n \to \infty} p_{i,j}(n) = \pi_j .$$

Esta distribuição limite coincide, também, com o limite da distribuição do estado X_n, $p_j(n) = P[X_n = j]$ e é independente da distribuição do estado inicial X_0, $p_i(0) = P[X_0 = i]$, qualquer que ela seja. De facto, tem-se,

$$\lim_{n \to \infty} p_j(n) = \lim_{n \to \infty} \sum_{i=0}^{\infty} P[X_0 = i] \, P[X_n = j | X_0 = i]$$

$$= \sum_{i=0}^{\infty} p_i(0) \lim_{n \to \infty} p_{i,j}(n)$$

$$= \pi_j \sum_{i=0}^{\infty} p_i(0) = \pi_j.$$

OBSERVAÇÃO:

Tendo em conta o Teorema 10 e a respectiva observação nº 1, pode-se dizer que se a cadeia possui uma distribuição limite, então também possui uma distribuição estacionária e, além disso, são coincidentes. No entanto, a implicação contrária não é verdadeira como pode ser ilustrado no exemplo que se segue. De facto, a existência de uma distribuição estacionária, não implica que a cadeia de Markov possua uma distribuição limite.

EXEMPLOS:

1. Considere-se a cadeia de Markov homogénea com espaço de estados $E = \{0, 1\}$ e matriz probabilidade de transição,

$$P = \begin{bmatrix} 0 & 1 \\ 1 & 0 \end{bmatrix}$$

Verifica-se com facilidade, para $i \in E$,

$$p_{i,i}(n) = \begin{cases} 0 & n \ \text{ímpar} \\ 1 & n \ \ \ \text{par} \end{cases}$$

o que significa que não existe distribuição limite. No entanto, existe distribuição estacionária,

$$\pi_j = \sum_{i=0}^{1} \pi_i \, p_{i,j}, \quad j = 0,\, 1,$$

ou seja,

$$\pi_0 = \pi_0 \, p_{0,0} + \pi_1 \, p_{1,0} = \pi_1$$

$$\pi_1 = \pi_0 \, p_{0,1} + \pi_1 \, p_{1,1} = \pi_0$$

vindo, $\pi_0 = \pi_1 = \frac{1}{2}$.

Facilmente se verifica que os dois estados são periódicos de período $d_i = 2$, $i = 1,\, 2$ e $\mu_{i,i} = 2$, $i = 1,\, 2$. Portanto, $p_{i,i}(nd_i) = 1$, vindo,

$$\lim_{n \to \infty} p_{i,i}(nd_i) = 1,$$

estando de acordo com a observação nº 2 do Teorema 8.

2. Retomando o exemplo anterior da página 94, facilmente se constata que a cadeia de Markov homogénea é irredutível, aperiódica e com todos os seus estados recorrentes positivos, então, pelo Teorema 10, existe distribuição estacionária, a qual coincide com a distribuição limite,

$$\pi_j = \lim_{n \to \infty} p_{i,j}(n) = \frac{1}{\mu_{j,j}}, \quad j = 0,\, 1.$$

Ora, viu-se nesse exemplo que,

$$\mu_{0,0} = 2.333 \Rightarrow \pi_0 = \lim_{n \to \infty} p_{i,0}(n) = \frac{1}{2.333} = 0.428633.$$

108 | Processos estocásticos e aplicações

Por outro lado, tem-se também,

$$P^{12} = \left[p_{i,j}(12) \right] = \begin{bmatrix} 0.428581 & 0.571419 \\ 0.428564 & 0.571436 \end{bmatrix},$$

o que evidencia que, em apenas doze passos, quase se alcança a referida convergência, de facto,

$$p_{0,0}(12) = 0.428581 \approx \pi_0 = 0.428633.$$

4. Aplicações

Nesta secção vai-se ilustrar, com alguns exemplos concretos, a aplicação da teoria das cadeias de Markov a tempo discreto desenvolvida ao longo do presente capítulo.

4.1 Estudo meteorológico

Admita-se que o estado do tempo num certo dia depende das condições meteorológicas no dia anterior. Concretamente, suponha-se que numa determinada região verificou-se, durante um certo período de tempo, a seguinte situação: quando está sol num dia, no dia seguinte também está sol com uma probabilidade igual a 0.6 e quando está um dia nublado, o dia seguinte continua nublado com uma probabilidade igual a 0.8. Esta situação pode ser descrita através de uma cadeia de Markov homogénea com dois estados, 0 e 1, respectivamente dia de sol e dia nublado, com matriz probabilidade de transição a um passo definida por,

$$P = \begin{bmatrix} 0.6 & 0.4 \\ 0.2 & 0.8 \end{bmatrix}.$$

Como se está perante uma cadeia homogénea, tem-se, por exemplo,

$$P(5) = \left[p_{i,j}(5) \right] = P^5,$$

ou seja,

$$P^5 = \begin{bmatrix} 0.341 & 0.659 \\ 0.329 & 0.671 \end{bmatrix}.$$

Nesta última matriz tem-se, por exemplo, $p_{0,0}(5) = 0.341$, significando que, se num determinado dia está sol, a probabilidade de haver sol 5 dias depois é de 0.341.

Como a cadeia de Markov é irredutível, aperiódica e recorrente positiva, a respectiva distribuição estacionária coincide com a distribuição limite, surgindo como solução do sistema de equações,

$$\pi_0 = 0.6 \, \pi_0 + 0.2 \, \pi_1$$

$$\pi_1 = 0.4 \, \pi_0 + 0.8 \, \pi_1$$

com $\pi_0 + \pi_1 = 1$, vindo, então, $\pi_0 = \frac{1}{3}$ e $\pi_1 = \frac{2}{3}$.

Pode-se então afirmar, por exemplo, que a probabilidade de estar um dia nublado decorrido um grande número de dias, após o início do período em análise, é de cerca de 66%.

Repare-se que, fazendo alguns cálculos, tem-se,

$$P^{10} = \begin{bmatrix} 0.3334 & 0.6666 \\ 0.3333 & 0.6667 \end{bmatrix},$$

significando que ao fim de 10 dias as probabilidades de transição praticamente estabilizam nos valores da distribuição limite, como seria de esperar.

110 | Processos estocásticos e aplicações

4.2 Estudo demográfico

Numa população realizou-se um estudo sobre a longevidade humana e considerou-se que uma pessoa tinha uma longevidade elevada quando falecia depois dos 70 anos, a longevidade era média quando o seu tempo de vida se situava entre os 55 e os 70 anos e era baixa quando morria antes dos 55 anos.

Verificou-se nesse estudo a existência de uma relação entre a longevidade dos pais e a dos filhos, tendo-se constatado os seguintes valores para as probabilidades condicionais entre essas longevidades:

		Longevidade dos filhos		
		elevada	média	baixa
Longevidade dos pais	elevada	0.3	0.6	0.1
	média	0.1	0.8	0.1
	baixa	0.1	0.7	0.2

As transições entre os diferentes tipos de longevidade para as sucessivas gerações dessa população podem ser consideradas como as transições de uma cadeia de Markov homogénea com espaço de estados $E = \{1, 2, 3\}$, representando respectivamente o tipo de longevidade elevada, média e baixa. A correspondente matriz de probabilidades de transição virá,

$$P = \begin{bmatrix} 0.3 & 0.6 & 0.1 \\ 0.1 & 0.8 & 0.1 \\ 0.1 & 0.7 & 0.2 \end{bmatrix}.$$

Esta cadeia é irredutível, aperiódica e recorrente positiva, possuindo, portanto, uma distribuição limite coincidente com a distribuição estacionária, dada pela solução do seguinte sistema de equações,

$$\pi_i = \sum_{j=1}^{3} \pi_j \, p_{j,i}, \quad i=1,\ 2,\ 3$$

$$\pi_1 + \pi_2 + \pi_3 = 1.$$

Efectuando os cálculos chega-se a $\pi_1 = 0.125$, $\pi_2 = 0.764$ e $\pi_3 = 0.111$, podendo-se concluir que ao fim de muitas gerações a proporção de indivíduos de longevidade elevada é de 12.5%, de longevidade média de 76.4% e baixa 11.1%.

Verifica-se, também, que a matriz de probabilidades de transição em cinco passos vem dada por,

$$P^5 = \begin{bmatrix} 0.12528 & 0.76361 & 0.11111 \\ 0.12496 & 0.76393 & 0.11111 \\ 0.12496 & 0.76392 & 0.1112 \end{bmatrix}$$

significando que ao fim de cinco gerações estas probabilidades são praticamente iguais às da distribuição limite.

Como é evidente, este exemplo surge apenas para ilustrar as potencialidades da teoria exposta e pressupõe uma grande simplificação da realidade, uma vez que se está implicitamente a admitir a imutabilidade do fenómeno da longevidade humana. Nestas circunstâncias, os resultados acima obtidos são válidos quando se está perante um cenário em que se admite a estabilidade do fenómeno de longevidade ao longo das diversas gerações.

4.3 Filas de espera

Retome-se o exemplo exposto no início do capítulo, referente a uma situação de fila de espera, onde se definiu a cadeia de Markov,

$$X_{n+1} = \begin{cases} X_n - 1 + Y_n & \text{se } X_n > 0 \\ Y_n & \text{se } X_n = 0, \end{cases}$$

em que X_n representa o número de clientes na fila de espera no preciso momento em que o n-ésimo cliente acaba de ser servido e Y_n o número de clientes chegados entretanto à fila durante o período em que o $(n+1)$-ésimo cliente está a ser sevido.

Viu-se que esta cadeia era homogénea com probabilidades de transição a um passo dadas por,

$$p_{0,k} = a_k, \quad k \geq 0$$

$$p_{j,k} = a_{k-j+1}, \quad k \geq j-1$$

$$p_{j,k} = 0, \quad k < j-1,$$

com a_k a probabilidade de k clientes chegarem ao posto de serviço durante o tempo de serviço de um cliente. A correspondente matriz de transição vinha,

$$P = \begin{bmatrix} a_0 & a_1 & a_2 & a_3 & \dots \\ a_0 & a_1 & a_2 & a_3 & \dots \\ 0 & a_0 & a_1 & a_2 & \dots \\ 0 & 0 & a_0 & a_1 & \dots \\ 0 & 0 & 0 & a_0 & \dots \\ \dots & \dots & \dots & \dots & \dots \end{bmatrix}.$$

Designe-se, agora, $\rho = \sum_{k=0}^{\infty} k\, a_k$ o número médio de chegadas durante o tempo de serviço de um cliente. A cadeia de Markov, acima considerada, admite uma distribuição estacionária se $\rho < 1$, de facto, se existisse esta distribuição tinha-se,

$$\pi_j = \sum_{i=0}^{\infty} \pi_i\, p_{i,j}, \quad j = 0,\, 1,\, 2,\, \dots\, ,$$

vindo neste caso,

$$\pi_j = \pi_0\, a_j + \sum_{i=1}^{j+1} \pi_i\, a_{j-i+1}, \quad j = 0,\, 1,\, 2,\, \dots\, .$$

A resolução deste sistema de equações pode ser efectuada através das funções geradoras de probabilidade,

$$\pi(s) = \sum_{j=0}^{\infty} \pi_j\, s^j \quad e \quad A(s) = \sum_{j=0}^{\infty} a_j\, s^j\, .$$

Multipliquem-se ambos os membros do sistema por s^j e some-se em j,

$$\pi(s) = \pi_0\, A(s) + \sum_{j=0}^{\infty} \sum_{i=1}^{j+1} \pi_i\, a_{j-i+1}\, s^j$$

$$= \pi_0\, A(s) + s^{-1} \sum_{i=1}^{\infty} \pi_i\, s^i \sum_{j=i-1}^{\infty} a_{j-i+1}\, s^{j-i+1}$$

$$= \pi_0\, A(s) + \left[\pi(s) - \pi_0\right] A(s)\, s^{-1}\, ,$$

ou seja,

$$\pi(s) = \pi_0\, \frac{(s-1)\, A(s)}{s - A(s)}\, .$$

114 | Processos estocásticos e aplicações

Esta equação permite determinar os valores de π_i, $i \geq 1$, desde que se conheça π_0. O valor desta probabilidade pode ser calculado fazendo $s \to 1$ na equação anterior, tendo em conta,

$$\pi(s) \to \sum_{i=0}^{\infty} \pi_i = 1 \quad \text{e} \quad A(s) \to \sum_{i=0}^{\infty} a_i = 1 \;,$$

vem,

$$1 = \pi_0 \lim_{s \to 1} \frac{(s-1)\,A(s)}{s - A(s)}$$

$$= \pi_0 \lim_{s \to 1} \frac{1}{1 - A'(s)}$$

$$= \pi_0 \frac{1}{1 - \rho} \;.$$

Concluí-se, assim,

$$\pi_0 = 1 - \rho \,,$$

o que mostra que apenas existirá distribuição estacionária no caso de $\rho < 1$. De facto, se $\rho = 1$, implicaria que $\pi(s) = 0$ e portanto, todos os π_i, $i \geq 0$ viriam nulos, não existindo distribuição estacionária.

Existindo distribuição estacionária, coincidirá com a distribuição limite e, nessas circunstâncias, os π_i representam a distribuição de probabilidade do estado da fila de espera após um número suficientemente grande de clientes ter sido servido.

EXERCÍCIOS:

❶. Observou-se de hora a hora uma máquina que produz parafusos, tendo-se constatado o seguinte:
- ao longo da sua laboração a máquina pode avariar-se, passando a produzir parafusos defeituosos;
- se estiver a produzir um parafuso defeituoso, a máquina é reparada e na hora seguinte o parafuso produzido é sempre não defeituoso;
- se estiver a produzir um parafuso não defeituoso, a probabilidade de passar a produzir um parafuso defeituoso na hora seguinte é p.

Designe por $\{X_n, n=0,1,...\}$ a cadeia de Markov representativa do estado de funcionamento da máquina ao longo das sucessivas horas observadas.
a) Defina o espaço dos estados da cadeia e a respectiva matriz das probabilidades de transição.
b) Determine a probabilidade de produzir parafusos não defeituosos muito tempo depois da máquina ter iniciado a sua laboração.

❷. Considere uma cadeia se Markov homogénea definida pelo seguinte grafo:

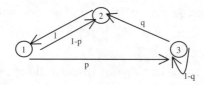

a) Determine a matriz P das probabilidades de transição.
b) Em que condições esta cadeia é irredutível e aperiódica?
c) Determine a respectiva distribuição estacionária.
d) Para que valores de p e q se tem $\pi_1 = \pi_2 = \pi_3$?

❸. Considere uma cadeia de Markov $\{X_n, n = 0,1,...\}$ com espaço de estados $E = \{1,2,3,...\}$ e matriz probabilidade de transição a um passo:

$$\begin{bmatrix} p & 1-p & 0 \\ 0 & 0 & 1 \\ 0 & 1-q & q \end{bmatrix}$$

com $0 < p < 1$ e $0 < q < 1$.

a) Classifique, justificando, cada um dos seus estados.

b) Determine $\lim_{n \to \infty} P[X_n = 3]$.

❹. Considere a cadeia de Markov $\{X_n, n = 0,1,...\}$ com espaço de estados E = {0,1} e tal que,

$$0 < p_{00} < 1 \; e \; 0 < p_{11} < 1.$$

a) Prove que $\{X_n, n = 0,1,...\}$ é recorrente positiva.

b) Determine a respectiva distribuição estacionária.

❺. Designe por p a probabilidade de que o tempo (chuva ou não chuva) num determinado dia do ano, qualquer e arbitrário, seja semelhante ao tempo do dia anterior e por p_1 a probabilidade de chover no primeiro dia do ano. Considere a cadeia de Markov $\{X_n, n = 1,2,...\}$ representativa dos estados do tempo nos diferentes dias do ano.

a) Determine a matriz P das probabilidades de transição a um passo.

b) Prove por indução que:

$$P^n = \frac{1}{2}\begin{bmatrix} 1 & 1 \\ 1 & 1 \end{bmatrix} + \frac{(2p-1)^n}{2}\begin{bmatrix} 1 & -1 \\ -1 & 1 \end{bmatrix}.$$

c) Determine a probabilidade p_n de chover no n-ésimo dia do ano e calcule o limite de $p_n, n \to \infty$.

d) Determine a respectiva distribuição estacionária.

e) Comente os resultados anteriores.

❻. Um estudo sobre os ventos predominantes em certa região mostrou que a direcção do vento em certo dia depende da direcção do vento observada no dia anterior. Considerou-se a existência de quatro direcções fundamentais para o vento de acordo com os quatro quadrantes: norte, sul, este e oeste. A situação descrita pode ser representada por uma cadeia de Markov homogénea, em que para cada dia o estado da cadeia corresponde a uma das direcções do vento ($E = \{0,1,2,3\}$ consoante a ordem dos quadrantes acima indicados), estimando-se que a matriz probabilidade de transição a um passo é dada por:

$$P = \begin{bmatrix} 0.6 & 0.1 & 0.2 & 0.1 \\ 0.5 & 0.2 & 0.1 & 0.2 \\ 0.3 & 0.2 & 0.3 & 0.2 \\ 0.4 & 0.2 & 0.1 & 0.3 \end{bmatrix}.$$

Tendo em conta que:

$$P^2 = \begin{bmatrix} 0.51 & 0.14 & 0.20 & 0.15 \\ 0.51 & 0.15 & 0.17 & 0.17 \\ 0.45 & 0.17 & 0.19 & 0.19 \\ 0.49 & 0.16 & 0.16 & 0.19 \end{bmatrix}$$

$$P^4 = \begin{bmatrix} 0.4950 & 0.1504 & 0.1878 & 0.1668 \\ 0.4964 & 0.1500 & 0.1870 & 0.1666 \\ 0.4948 & 0.1512 & 0.1854 & 0.1686 \\ 0.4966 & 0.1502 & 0.1860 & 0.1672 \end{bmatrix}$$

a) Determine através da equação de Chapman-Kolmogorov, a probabilidade de, soprando o vento do quadrante norte num dia, passar a soprar do quadrante sul quatro dias depois. Confirme o resultado obtido a partir de P^4.

b) Dê um valor aproximado para a distribuição limite da cadeia de Markov.

c) Calcule a probabilidade de se verificar vento norte durante três dias consecutivos.

❼. Considere uma cadeia de Markov homogénea com matriz probabilidade de transição a um passo dada por:

$$P = \begin{bmatrix} 1-a & a \\ b & 1-b \end{bmatrix}, \quad (0 < a < 1, 0 < b < 1).$$

a) Prove por indução que:

$$P^n = \frac{1}{a+b} \begin{bmatrix} b & a \\ b & a \end{bmatrix} + \frac{(1-a-b)^n}{a+b} \begin{bmatrix} a & -a \\ -b & b \end{bmatrix}.$$

b) Calcule a distribuição limite. Justifique.

❽. Um indivíduo possui r chapéus de chuva que utiliza quando se desloca de casa para o emprego e vice-versa. Se está em casa (ou no emprego) no princípio (ou no fim) do dia e chove, leva um chapéu de chuva com ele para o emprego (ou para casa), desde que exista algum disponível. Caso não esteja a chover, nunca leva chapéu de chuva. Suponha que, independentemente do passado, está a chover no princípio (ou no fim) do dia com probabilidade p. Considere a cadeia de Markov $\{X_n, n = 0, 1, 2, ...\}$ que representa o número de chapéus de chuva em cada local onde esse indivíduo se encontra.

A. Admita em primeiro lugar que $r = 1$.

a) Defina o espaço dos estados da cadeia de Markov e calcule a respectiva matriz de probabilidades de transição.

b) Classifique os seus estados.

c) Determine a distribuição estacionária.

d) Calcule a probabilidade de que o indivíduo apanhe uma "molha".

B. Analise o caso $r > 1$.

❾. Um determinado indivíduo modifica o seu estado de espírito durante o seu dia de trabalho. Tendo sido observado pelos seus colegas durante um longo período foram-lhe atribuídas as seguintes probabilidades de mudança do seu estado de espírito:

– se está de bom humor durante uma certa hora, a probabilidade de estar de mau humor durante a hora seguinte é de 0.2

– se está de mau humor durante uma certa hora, a probabilidade de continuar de mau humor durante a hora seguinte é de 0.4.

   a) Se o indivíduo durante a primeira hora de trabalho estava de mau humor, qual a probabilidade de estar de bom humor durante a terceira hora de trabalho?

   b) Admitindo que os estados de espírito são igualmente prováveis quando chega ao trabalho, determine a probabilidade de estar de bom humor durante a terceira hora de trabalho.

❿. Considere uma cadeia de Markov a tempo discreto com um número finito de estados, $E = \{1, 2,..., n\}$, e suponha que o estado j, qualquer que seja, é acessível a partir de um estado i. Prove que esta acessibilidade pode ser realizada em n ou em número inferior de passos.

Capítulo IV

Cadeias de Markov a tempo contínuo

1. Introdução

Recorde-se o conceito de cadeia de Markov a tempo contínuo referido no primeiro capítulo: é um processo estocástico de Markov $\{X(t), t \geq 0\}$ a tempo contínuo, onde o espaço do estados é finito ou numerável. Sem perda de generalidade, admite-se que o espaço dos estados é o conjunto dos números inteiros não negativos, $E = \{0,1,2,...\}$.

Neste capítulo, vão-se considerar apenas as **cadeias de Markov homogéneas**, onde as probabilidades de transição verificam, para todo o t e s e quaisquer que sejam os estados,

$$p_{i,j}(t) = P\big[X(t+s) = j \,\big|\, X(s) = i \big],$$

ou seja, estas probabilidades dependem somente do desfasamento t, significando que variáveis igualmente desfasadas no tempo têm as mesmas probabilidades de transição e designam-se **homogéneas**.

EXEMPLO:

O processo de Poisson representa, como se viu, uma cadeia de Markov (tem incrementos independentes) a tempo contínuo, com probabilidades de transição homogéneas. Com efeito, pelo que foi estabelecido em relação a este processo, tem-se para $\forall j \geq i$,

$$P\left[N(t+s) = j \mid N(s) = i\right] = P\left[N(t+s) - N(s) = j - i\right]$$

$$= e^{-vt} \frac{(v\,t)^{j-i}}{(j-i)!}$$

$$= p_{i,j}(t) .$$

Verifica-se, sem grande dificuldade, que as probabilidades de transição de uma cadeia de Markov a tempo contínuo e homogénea satisfazem também a **equação de Chapman-Kolmogorov**, isto é, para todos os estados i e j, e instantes s e t, tem-se,

$$p_{i,j}(s+t) = \sum_{k=0}^{\infty} p_{i,k}(s) p_{k,j}(t) .$$

No estudo deste tipo de cadeias de Markov é usual considerarem-se as derivadas das respectivas probabilidades de transição em ordem ao tempo em $t = 0$, designadas por **intensidades de transição**, que irão desempenhar um papel relevante no desenvolvimento da teoria.

Vai-se representar por q_j, **intensidade de passagem pelo estado j**, a seguinte derivada, caso exista,

$$q_j = -\left.\frac{d\,p_{j,j}(t)}{dt}\right|_{t=0} = \lim_{h\to 0}\frac{p_{j,j}(0)-p_{j,j}(h)}{h}$$

$$= \lim_{h\to 0}\frac{1-p_{j,j}(h)}{h}$$

e por $q_{i,j}$, **intensidade de transição do estado *i* para o estado *j* ($i \neq j$)**, a derivada, se existir,

$$q_{i,j} = \left.\frac{d\,p_{i,j}(t)}{dt}\right|_{t=0} = \lim_{h\to 0}\frac{p_{i,j}(h)-p_{i,j}(0)}{h}$$

$$= \lim_{h\to 0}\frac{p_{i,j}(h)}{h}\ .$$

Tendo em conta estas definições, pode-se escrever,

$$1-p_{j,j}(h) = q_j h + o(h), \quad\text{com}\quad \frac{o(h)}{h}\underset{h\to 0}{\to} 0$$

e

$$p_{i,j}(h) = q_{i,j} h + o(h), \quad\text{com}\quad \frac{o(h)}{h}\underset{h\to 0}{\to} 0,$$

o que mostra que as probabilidades de transição são assintóticamente proporcionais à amplitude do intervalo, isto é, a h. A primeira igualdade refere-se à proporcionalidade da transição de um estado j para qualquer outro estado diferente de j e a segunda, à proporcionalidade da transição de i para um determinado estado j ($i \neq j$).

EXEMPLO:

Tome-se um processo de Poisson, que como se sabe tem incrementos independentes e estacionários, e calculem-se as respectivas intensidades de passagem e de transição transição,

$$q_j = \lim_{h \to 0} \frac{1 - P\left[N(t+h) = j \mid N(t) = j\right]}{h}$$

$$= \lim_{h \to 0} \frac{1 - P\left[N(t+h) - N(t) = 0\right]}{h}$$

$$= \lim_{h \to 0} \frac{1 - e^{-vh}}{h} = v,$$

uma vez que, como é sabido,

$$e^{-vh} = \sum_{k=0}^{\infty} \frac{(-vh)^k}{k!}$$

$$= 1 - vh + o(h) \ ;$$

vindo, de forma análoga, a intensidade de transição,

$$q_{i,j} = \lim_{h \to 0} \frac{P\left[N(t+h) = j \mid N(t) = i\right]}{h}$$

$$= \lim_{h \to 0} \frac{P\left[N(t+h) - N(t) = j - i\right]}{h}$$

$$= \lim_{h \to 0} \begin{cases} e^{-vh} \dfrac{(vh)^{j-i}}{h(j-i)!}, & i < j \\[2em] 0, & i > j \end{cases}$$

Donde se conclui,

$$q_{i,j} = \begin{cases} 0, & j < i \text{ ou } j > i+1 \\ \\ v, & j = i+1. \end{cases}$$

2. Processos de nascimento e morte

Uma cadeia de Markov a tempo contínuo e homogénea $\{X(t), t \geq 0\}$, com espaço de estados $E = \{0,1,2,...\}$ diz-se um **processo de nascimento e morte** se as respectivas probabilidades de transição satisfazem as seguintes condições, para todo o $h > 0$:

A1. $p_{i,i+1}(h) = \lambda_i h + o(h), \quad i \geq 0$

A2. $p_{i,i-1}(h) = \mu_i h + o(h), \quad i \geq 1$

A3. $p_{i,i}(h) = 1 - (\lambda_i + \mu_i) h + o(h), \quad i \geq 0$

A4. $p_{i,j}(0) = \begin{cases} 0, & i \neq j \\ 1, & i = j \end{cases}$

A5. $\mu_0 = 0, \quad \lambda_0 > 0$ e $\mu_i, \lambda_i > 0, \quad i = 1, 2, ...,$

representando $o(h)$ um infinitésimo tal que $\dfrac{o(h)}{h} \underset{h \to 0}{\to} 0$ e, além disso, $o(h)$ depende em cada caso do estado i.

Tendo em conta que numa cadeia de Markov a tempo contínuo se tem,

$$\sum_{j=0}^{\infty} p_{i,j}(h) = 1,$$

vem como consequência,

$$\frac{1 - \sum_{j=0}^{\infty} p_{i,j}(h)}{h} = 0,$$

ou seja,

$$\frac{1 - p_{i,i}(h)}{h} - \frac{p_{i,i-1}(h)}{h} - \frac{p_{i,i+1}(h)}{h} - \frac{1}{h} \sum_{\substack{j>i+1 \\ j<i-1}} p_{i,j}(h) = 0 \cdot$$

No caso particular dos processos de nascimento e morte, atendendo aos seus postulados, as três primeiras parcelas desta última igualdade reduzem-se a um $\dfrac{o(h)}{h}$, vindo portanto,

$$\frac{1}{h} \sum_{\substack{j>i+1 \\ j<i-1}} p_{i,j}(h) \to 0, \quad \text{quando } h \to 0 ;$$

por sua vez, para todo $j > i + 1$ ou $j < i - 1$ tem-se,

$$\frac{1}{h} \sum_{\substack{j>i+1 \\ j<i-1}} p_{i,j}(h) \geq \frac{p_{i,j}(h)}{h} \geq 0 .$$

Conclui-se, então, por passagem ao limite,

$$\frac{p_{i,j}(h)}{h} \to 0, \quad \text{quando } h \to 0 \text{ e para } j > i+1 \text{ ou } j < i-1,$$

ou seja, estas probabilidades de transição são um infinitésimo com h, $p_{i,j}(h) = o(h)$, e tendem para zero quando h tender para zero. Este facto, traduz que um processo de nascimento e morte apenas pode transitar "instantaneamente" para estados que sejam imediatamente vizinhos do estado de partida ou, então, permanecer nesse próprio estado. Nestas circunstâncias, os processos de nascimento e morte vão possibilitar, por exemplo, a modelação de fenómenos aleatórios relacionados com o dimensionamento de uma população com o seguinte tipo de comportamento em intervalos de pequena amplitude: a população aumenta de uma unidade por efeito de um nascimento, ou diminui de uma unidade por morte de um seu elemento ou permanece com a mesma dimensão. Serão fenómenos em que não pode haver mais do que um nascimento ou mais do que uma morte em simultâneo.

OBSERVAÇÃO:

Nestes processos as intensidades de transição e de passagem da cadeia de Markov são dadas por,

$$q_{i,i+1} = \lambda_i, \quad i \geq 0$$

$$q_{i,i-1} = \mu_i, \quad i \geq 1$$

$$q_i = \lambda_i + \mu_i, \quad i \geq 0$$

$$q_{i,j} = 0, \quad \text{para } |i - j| \geq 2$$

representando λ_i e μ_i respectivamente as **intensidades ou taxas de natalidade e de mortalidade do estado** i.

128 | Processos estocásticos e aplicações

EXEMPLOS:

1. Tráfico de telefones em centrais com um número infinito de canais

Considere-se uma central telefónica que recebe chamadas nos instantes $\tau_1, \tau_2, ...(0 < \tau_1 < \tau_2 < ...)$ e admita-se que a sucessão dos tempos entre a chegada de chamadas, $T_1 = \tau_1, T_2 = \tau_2 - \tau_1, ..., T_n = \tau_n - \tau_{n-1}, ...$ é IID com distribuição exponencial de parâmetro λ, isto é, o processo de chegada das chamadas telefónicas $\{N(t), t \geq 0\}$ é de Poisson com intensidade λ.

Vai-se admitir, que a duração de uma conversação iniciada por uma chamada no instante τ_n, ou seja, o intervalo de tempo em que um dos canais da central está ocupado, é uma variável aleatória representada por S_n e designada por **tempo de ocupação da n-ésima chamada**. Supõe-se ainda que a sucessão $\{S_n\}$ é IID com distribuição exponencial de parâmetro μ e é independente do processo de chegadas.

Quando uma chamada chega à central é conectada, dando origem a uma conversação, caso exista algum canal livre. Vai-se admitir que o número de canais da central é infinito, hipótese que apesar de não ser realista tem interesse considerar, uma vez que proporciona um modelo do qual se pode retirar conclusões para centrais com um número finito de canais.

Definindo $X(t)$ como o número de canais ocupados nesta central no instante t, pode-se considerar que o processo $\{X(t), t \geq 0\}$ é de nascimento e morte. De facto, sem qualquer preocupação demonstrativa formal, aceita-se que se está perante um processo de Markov: o número de canais ocupados em determinado instante t, depende da ocupação num instante $t' < t$ e é independente do histórico anterior a t', ou seja, $X(t)$ apenas vai depender do que sucede na central entre os instantes t' e t e do estado de ocupação em t'.

Intuitivamente, também se aceita que as respectivas probabilidades de transição são homogéneas, com efeito, em termos probabilísticos a transição de um estado para o outro é sempre a mesma em intervalos de igual amplitude.

Além disso, ainda no campo da intuição, aceita-se que os postulados do processo de nascimento e morte estão presentes, uma vez que, em cada instante pode suceder uma das três situações seguintes: chega uma chamada à central, ocupando um dos canais e dá-se um nascimento; ou termina uma conversação, deixando livre um dos canais e tem-se uma morte; ou nada sucede, não chega nenhuma chamada nem termina uma conversação e o número da canais ocupados permanece igual. A situação acabada de descrever pode formalmente ser comprovada, como se verá de seguida.

Assim, em conformidade com as hipóteses acima estabelecidas, pode-se concluir, para um intervalo de amplitude h, que os acontecimentos abaixo indicados têm probabilidade igual a um infinitésimo $o(h)$:

a) "ocorrer" duas ou mais de duas chamadas;
b) "terminar" duas ou mais de duas conversações;
c) "ocorrer e terminar" uma ou mais de uma chamada.

Calcule-se, então, a probabilidade de cada um destes acontecimentos.

a) Sendo o processo de chegadas de Poisson tem-se, pelo lema 2 do Cap. II, § 2,

$$P[N(h) \geq 2] = \sum_{k=2}^{\infty} P[N(h) = k] = o(h).$$

Desta forma,

$$\frac{1}{h} \sum_{k=2}^{\infty} P[N(h) = k] \geq \frac{1}{h} P[N(h) = k] \geq 0 \, ,$$

130 | Processos estocásticos e aplicações

vindo por passagem ao limite,

$$P[N(h) = k] = o(h), \quad k \geq 2.$$

b) A probabilidade de uma conversação não terminar durante o intervalo de tempo $[t, t+h]$, atendendo a que a distribuição exponencial é sem memória, vem dada por,

$$P[S > t + h | S > t] = P[S > h] = e^{-\mu h}.$$

Isto implica, que a probabilidade de uma conversação terminar naquele intervalo é,

$$P[S \leq h] = 1 - e^{-\mu h}$$

$$= \mu h + o(h).$$

Então, uma vez que a duração dos tempos de conversação são IID, a probabilidade de terminarem $k \geq 2$ chamadas num intervalo com a mesma amplitude h, virá,

$$P[S_1 \leq h, ..., S_k \leq h] = (\mu h + o(h))^k = o(h).$$

c) A probabilidade de ocorrerem $k \geq 1$ chamadas e terminarem $r \geq 1$ chamadas durante um intervalo de amplitude h, tendo em conta que o processo de chegada das chamadas é independente do tempo de duração das mesmas, será,

$$P[N(h) = k, S_1 \leq h, ..., S_r \leq h] = P[N(h) = k] P[S_1 \leq h, ..., S_r \leq h]$$

$$= e^{-\lambda h} \frac{(\lambda h)^k}{k!} (1 - e^{-\mu h})^r = o(h).$$

Pelo que se acabou de demonstrar, acontecimentos onde ocorram duas ou mais situações de qualquer tipo, sejam de chegada ou de termino de chamadas num intervalo $I(h)$ de amplitude h, terão sempre uma probabilidade infinitesimal $o(h)$. Nestas condições podem-se, então, calcular as probabilidades de transição da correspondente cadeia de Markov $\{X(t), \ t \geq 0\}$, vindo,

$$p_{i,i+1}(h) = P\left[X(t+h) = i+1 \middle| X(t) = i\right]$$

$$= P\left[\begin{array}{l} \text{chegar uma nova chamada durante } l(h) \\ \text{e não terminar nenhuma em } l(h) \end{array}\right] + o(h)$$

$$= P[N(h) = 1] \ \binom{i}{0} \left[P(S > h)\right]^i + o(h)$$

$$= e^{-\lambda h}\lambda h \ (e^{-\mu h})^i + o(h)$$

$$= \lambda h + o(h).$$

$$p_{i,i-1}(h) = P\left[X(t+h) = i-1 \middle| X(t) = i\right]$$

$$= P\left[\begin{array}{l} \text{não chegar nenhuma chamada em } l(h) \\ \text{e uma das } i \text{ terminar em } l(h) \end{array}\right] + o(h)$$

$$= P[N(h) = 0] \ \binom{i}{1} P[S \leq h](P[S > h])^{i-1} + o(h)$$

$$= e^{-\lambda h}i(1 - e^{-\mu h})(e^{-\mu h})^{i-1} + o(h)$$

$$= i\mu h + o(h).$$

$$p_{i,i}(h) = P\left[X(t+h) = i \,\big|\, X(t) = i \right]$$

$$= P\left[\begin{array}{c} \text{não chegar nenhuma chamada em } l(h) \\ \text{e não terminar nenhuma em } l(h) \end{array} \right] + o(h)$$

$$= P\left[N(h) = 0 \right] \binom{i}{0} \left[P(S > h) \right]^{i} + o(h)$$

$$= e^{-\lambda h}(e^{-\mu h})^{i} + o(h)$$

$$= 1 - (\lambda + i\mu)h + o(h).$$

Concluí-se, assim, que se está perante um processo de nascimento e morte, onde as taxas de natalidade e mortalidade são tais que,

$$\lambda_i = \lambda, \quad \forall i \geq 0$$

$$\mu_i = i\mu, \quad \forall i \geq 1.$$

2. Tráfico em telefones em centrais com um número finito de canais

No exemplo anterior, admita-se agora que o número de canais da central telefónica é finito e igual a *M*. Suponha-se que uma chamada quando chega não espera pelo serviço, isto é, caso todos os canais estejam ocupados, a chamada é desligada e perde-se.

Nestas condições, $\{X(t), t \geq 0\}$ continua a ser um processo de nascimento e morte com probabilidades de transição tais que,

$$\lambda_i = \begin{cases} \lambda, & i = 0, 1, 2, \ldots, M-1 \\ \\ 0, & i \geq M, \end{cases}$$

$$\mu_i = \begin{cases} i\mu, & i = 0, 1, 2, ..., M \\ \\ 0, & i > M, \end{cases}$$

de facto, tem-se, por exemplo,

$$p_{M,M+1}(h) = 0 \quad \text{e} \quad p_{M+1,M}(h) = 0 \,.$$

3. Um caso de fila de espera

Considere-se um sistema de fila de espera com um número M, finito, de serviços, no qual os clientes são servidos de acordo com a ordem de chegada e em que os clientes, caso todos os serviços estejam ocupados, esperam numa única fila pelo seu serviço.

Admite-se que a sucessão de tempos entre chegadas dos clientes ao sistema é IID com distribuição exponencial de parâmetro λ e que a sucessão dos tempos de serviço de cada cliente é, também, IID com distribuição exponencial de parâmetro μ.

Designe-se, para cada instante t, $X(t)$ o número de clientes no sistema, isto é, o número de clientes a ser servidos mais os que estão à espera para serem servidos.

De forma análoga à dos exemplos anteriores, pode-se demonstrar que $\{X(t), t \geq 0\}$ é um processo de nascimento e morte com probabilidades de transição tais que,

$$\lambda_i = \lambda, \quad i = 0, 1, 2,...$$

$$\mu_i = \begin{cases} i\mu, & i = 0, 1, 2, ..., M-1 \\ \\ M\mu, & i \geq M. \end{cases}$$

134 | Processos estocásticos e aplicações

Um caso particular de processos de nascimento e morte que tem interesse referir, tendo em conta as implicações práticas decorrentes, são os designados **processos de nascimento puro** onde se verifica,

$$p_{i,j}(h) = 0, \quad \forall\, j < i,$$

ou seja, processos tais que $\mu_i = 0$, $\forall\, i$, que indiciam que a morte é um acontecimento impossível.

OBSERVAÇÃO:

No caso em que $X(0) = 0$, o processo $X(t)$ representativo da dimensão de uma população no instante t, passará a ter o significado de representar o número de nascimentos ocorridos até esse mesmo instante.

EXEMPLO:

Com facilidade se verifica que um processo de Poisson de intensidade v é um processo de nascimento puro com taxa de natalidade $\lambda_i = v$, $\forall\, i$.

Um processo de nascimento puro diz-se um **processo de Furry-Yule** quando a taxa de natalidade for tal que, $\lambda_i = i\lambda$, $i = 0,1,2,\dots$. Tem-se um processo onde a taxa de natalidade é proporcional a i, significando que o número de nascimentos aumenta linearmente com o número de elementos na população em cada instante, ou seja, o estado do processo. Admite-se, além disso, a independência e a não interacção entre os elementos da população, vindo,

$$p_{i,i+1}(h) = i\lambda h + o(h), \quad i = 1,\ 2,\ \dots$$

Em biologia, por exemplo, encontram-se aplicações para este tipo de processos, quando se pretende estudar o desenvolvimento de uma bactéria e se admite que quanto mais bactérias existirem, maior será a taxa de natalidade de uma nova bactéria, sendo esta proporcional ao número de bactérias existentes.

3. Equações diferenciais de Kolmogorov

O estudo que se vai efectuar neste parágrafo diz respeito ao estabelecimento de um conjunto de equações diferenciais verificadas pelas probabilidades de transição de uma cadeia de Markov a tempo contínuo. Inicia-se detalhadamente este estudo para o caso particular dos processos de nascimento e morte, seguindo-se a abordagem ao caso dos processos de nascimento puro. Finalmente, apresentam-se, sem demonstração, as correspondentes equações diferenciais para a situação genérica das cadeias de Markov a tempo contínuo.

A importância deste tipo de equações diferencias, reside no facto de a sua resolução permitir, em cada situação concreta, efectuar o cálculo das probabilidades de transição da correspondente cadeia de Markov, como será ilustrado mais adiante.

Tome-se, então, um processo $\{X(t), t \geq 0\}$ de nascimento e morte. Como foi anteriormente mencionado, as respectivas probabilidades de transição satisfazem a equação de Chapman-Kolmogorov,

$$p_{i,j}(t+h) = \sum_{k=0}^{\infty} p_{i,k}(h)p_{k,j}(t) .$$

Ou seja, admitido $i \geq 1$, tem-se,

$$p_{i,j}(t+h) = p_{i,i-1}(h)p_{i-1,j}(t) + p_{i,i}(h)p_{i,j}(t) +$$

$$+ p_{i,i+1}(h)p_{i+1,j}(t) + \sum_{\substack{k>i+1 \\ k<i-1}} p_{i,k}(h)p_{k,j}(t).$$

136 | Processos estocásticos e aplicações

Analise-se o somatório do segundo membro desta igualdade e verifique-se que é um infinitésimo $o(h)$. De facto, tem-se,

$$\sum_{\substack{k>i+1 \\ k<i-1}} p_{i,k}(h) p_{k,j}(t) \leq \sum_{\substack{k>i+1 \\ k<i-1}} p_{i,k}(h)$$

e uma vez que $\sum_{k=0}^{\infty} p_{i,k}(h) = 1$, o somatório do lado direito desta inequação, atendendo aos postulados do processo de nascimento e morte, vem igual,

$$\sum_{\substack{k>i+1 \\ k<i-1}} p_{i,k}(h) = 1 - \left[\mu_i h + 1 - (\mu_i + \lambda_i)h + \lambda_i h + o(h) \right] = o(h),$$

implicando que o primeiro termo da desigualdade anterior é um infinitésimo,

$$\sum_{\substack{k>i+1 \\ k<i-1}} p_{i,k}(h) p_{k,j}(t) = o(h).$$

Assim, quando se está na presença de um processo de nascimento e morte, ter-se-á,

$$p_{i,j}(t+h) = \mu_i h\, p_{i-1,j}(t) + \left[1 - (\mu_i + \lambda_i)\, h\right] p_{i,j}(t) + \lambda_i h\, p_{i+1,j}(t) + o(h)$$

ou seja,

$$\frac{1}{h}\left\{ p_{i,j}(t+h) - p_{i,j}(t) \right\} = \mu_i p_{i-1,j}(t) - (\mu_i + \lambda_i) p_{i,j}(t) + \lambda_i p_{i+1,j}(t) + \frac{o(h)}{h}.$$

Fazendo $h \to 0$ nesta igualdade, obtém-se uma derivada, vindo a correspondente equação diferencial para $i \geq 1$,

$$p'_{i,j}(t) = \mu_i p_{i-1,j}(t) - (\mu_i + \lambda_i) p_{i,j}(t) + \lambda_i p_{i+1,j}(t).$$

Cadeias de Markov a tempo contínuo | 137

No caso em que $i = 0$, pode-se concluir, de forma análoga,

$$p'_{0,j}(t) = -\lambda_0\, p_{0,j}(t) + \lambda_0\, p_{1,j}(t).$$

As equações diferenciais acabadas de estabelecer designam-se por **equações diferenciais de Kolmogorov regressivas**.

OBSERVAÇÃO:

Estas equações chamam-se regressivas em virtude de o estado inicial referente às probabilidades de transição manter-se variável e o estado final fixo no valor j.

A dedução destas equações resultou, na equação de Chapman-Kolmogorov, da decomposição do intervalo $[0, t+h]$ nos dois intervalos disjuntos $[0, h)$ e $[h, t+h]$. Um resultado diferente, mas utilizando um raciocínio semelhante, pode ser estabelecido por decomposição do intervalo inicial nos intervalos $[0, t)$ e $[t, t+h]$, obtendo-se as **equações diferenciais de Kolmogorov progressivas**,

$$p'_{i,j}(t) = \lambda_{j-1} p_{i,j-1}(t) - (\mu_j + \lambda_j) p_{i,j}(t) + \mu_{j+1} p_{i,j+1}(t),$$

$$p'_{i,0}(t) = -\lambda_0\, p_{i,0}(t) + \mu_1\, p_{i,1}(t).$$

OBSERVAÇÕES:

1. Neste caso, as equações apresentam o estado final variável e o inicial fixo, vindo o nome de equações progressivas.

2. Na dedução das equações progressivas, pelo facto de se ter decomposto o intervalo $[0, t+h]$ na forma acima mencionada, vai-se ser confrontado com o seguinte somatório, que se prova ser um $o(h)$,

138 | Processos estocásticos e aplicações

$$\sum_{\substack{k>j+1 \\ k<j-1}} p_{i,k}(t)p_{k,j}(h) = o(h).$$

Com efeito, tem-se,

$$\sum_{\substack{k>j+1 \\ k<j-1}} p_{i,k}(t)p_{k,j}(h) \le \sum_{\substack{k>j+1 \\ k<j-1}} p_{k,j}(h).$$

No somatório do lado direito desta desigualdade, o seu termo geral $p_{k,j}(h)$, em que o estado inicial é variável e o final fixo, representa um $o_k(h)$, infinitésimo que depende do estado inicial k, uma vez que, para os processos de nascimento e morte se tem,

$$\frac{p_{k,j}(h)}{h} \to 0, \quad k \ne j, j-1 \text{ e } j+1.$$

Então, atendendo à definição de limite, as condições do teorema da convergência dominada encontram-se satisfeitas, resultando,

$$\lim_{h \to 0} \sum_{\substack{k>j+1 \\ k<j-1}} \frac{p_{k,j}(h)}{h} = \sum_{\substack{k>j+1 \\ k<j-1}} \lim_{h \to 0} \frac{p_{k,j}(h)}{h} = 0.$$

Estabelecida esta situação, a demonstração das equações progressivas segue, depois, uma forma em tudo semelhante à da dedução das equações regressivas.

Considere-se, agora, um processo $\{X(t), t \ge 0\}$ de nascimento puro. Uma vez que, nestes processos se tem, $p_{i,j}(t) = 0$ para $j < i$ ($\mu_i = 0$, $\forall\, i$), as equações diferenciais de Kolmogorov

Cadeias de Markov a tempo contínuo | 139

progressivas surgem como um caso particular das equações anteriores, vindo,

$$p'_{i,j}(t) = \lambda_{j-1} p_{i,j-1}(t) - \lambda_j p_{i,j}(t), \quad \text{com } j > i,$$

$$p'_{i,i}(t) = -\lambda_i \, p_{i,i}(t).$$

As soluções destas equações podem ser encontradas através da teoria das equações diferenciais, determinando-se, deste modo, as respectivas probabilidades de transição do processo. Tem-se assim, que a última equação diferencial é equivalente a,

$$\frac{p'_{i,i}(t)}{p_{i,i}(t)} = -\lambda_i,$$

vindo por integração,

$$p_{i,i}(t) = e^{-\lambda_i t} c.$$

A constante c é determinada pela condição inicial $p_{i,i}(0) = 1$, vindo $c = 1$, o que implica a seguinte solução geral para a equação diferencial,

$$p_{i,i}(t) = e^{-\lambda_i t}.$$

Quanto à equação diferencial progressiva para $j > i$, constata-se que é uma equação diferencial linear de primeira ordem com coeficientes constantes, ou seja, do tipo,

$$f'(t) + v f(t) = h(t), \quad a \le t \le b.$$

A teoria destas equações estabelece que a sua solução é da forma,

$$f(t) = \int_a^b e^{-v(t-s)} h(s) ds + f(a) \, e^{-v(t-a)},$$

140 | Processos estocásticos e aplicações

implicando para o presente caso, que a solução geral, atendendo à condição inicial $p_{i,j}(0) = 0$, $i \neq j$ será,

$$p_{i,j}(t) = e^{-\lambda_j t} \int_0^t e^{\lambda_j s} \lambda_{j-1} p_{i,j-1}(s) \, ds \; .$$

Em conclusão, as equações diferenciais progressivas nos processos de nascimento puro podem ser resolvidas, possibilitando efectuar o cálculo das respectivas probabilidades de transição, como adiante será ilustrado.

A situação geral, onde o processo $\{X(t), t \geq 0\}$ é uma cadeia de Markov homogénea a tempo contínuo, pode ser também estudada em termos das respectivas equações diferenciais de Kolmogorov, desde que se admita a existência das correspondentes intensidades de passagem pelo estado i, para todo o i, e intensidades de transição do estado i para k, para todo i e k com $i \neq k$. De facto, prova-se que, nessas condições, se tem,

$$p'_{i,j}(t) = \sum_{k \neq i} q_{i,k} p_{k,j}(t) - q_i p_{i,j}(t) \; ,$$

obtendo-se as **equações diferencias de Kolmogorov regressivas** para uma qualquer cadeia de Markov que satisfaça as condições anteriormente mencionadas.

Caso determinadas condições de regularidade relativas às probabilidades de transição estejam verificadas, podem, também, ser deduzidas as **equações diferenciais de Kolmogorov progressivas**,

$$p'_{i,j}(t) = \sum_{k \neq j} q_{k,j} p_{i,k}(t) - q_j p_{i,j}(t) \; .$$

Cadeias de Markov a tempo contínuo | 141

OBSERVAÇÕES:

1. Constata-se, com toda a facilidade, que as equações deduzidas para os processos de nascimento e morte e para os processos de nascimento puro, são casos particulares destas últimas equações. Para tal, basta ter em conta o comportamento das correspondente intensidades daqueles processos.

2. As demonstrações destas equações diferenciais para o caso geral não são apresentadas, por estarem fora do âmbito do presente texto. Podem ser encontradas, por exemplo, em Parzen (1999).

EXEMPLOS:

1. O processo de nascimento puro com taxa de natalidade constante, $\lambda_n = v$, $\forall n$ e $X(0) = 0$, é um processo de Poisson de intensidade v, como se irá demonstrar.

Determinem-se, em primeiro lugar, as probabilidades de transição do processo $\{X(t), t \geq 0\}$. Tem-se, então,

$$p_{i,i}(t) = e^{-vt},$$

portanto,

$$p_{i,i+1}(t) = e^{-vt} \int_0^t e^{vs} \, v \, e^{-vs} \, ds = vt e^{-vt}$$

e por recorrência,

$$p_{i,i+2}(t) = e^{-vt} \int_0^t e^{vs} \, v^2 s \, e^{-vs} \, ds = \frac{(vt)^2}{2} e^{-vt},$$

vindo por indução, para $j > i$,

$$p_{i,j}(t) = e^{-vt} \frac{(vt)^{j-i}}{(j-i)!}.$$

Nestas condições, vem,

$$P\left[X(t) - X(s) = k \big| X(s) = i\right] = P\left[X(t) = k + i \big| X(s) = i\right]$$

$$= p_{i,k+i}(t-s)$$

$$= e^{-v(t-s)} \frac{\left[v(t-s)\right]^k}{k!}.$$

Por outro lado,

$$P\left[X(t) - X(s) = k\right] = \sum_{i=0}^{\infty} P\left[X(t) - X(s) = k, X(s) = i\right]$$

$$= \sum_{i=0}^{\infty} P\left[X(t) - X(s) = k \big| X(s) = i\right] P\left[X(s) = i\right]$$

$$= \sum_{i=0}^{\infty} P\left[X(t) = k + i \big| X(s) = i\right] P\left[X(s) = i \big| X(0) = 0\right]$$

$$= \sum_{i=0}^{\infty} e^{-v(t-s)} \frac{(v(t-s))^k}{k!} e^{-vs} \frac{(vs)^i}{i!}$$

$$= e^{-v(t-s)} \frac{(v(t-s))^k}{k!}.$$

Conclui-se assim,

$$P\left[X(t) - X(s) = k | X(s) = i\right] = P\left[X(t) - X(s) = k\right].$$

Esta constatação, conjuntamente com o facto de o processo $\{X(t), t \geq 0\}$ ser de Markov, permite afirmar que se está perante um processo de incrementos independentes. Com efeito, tomando $0 < t_1 < \ldots < t_n$, tem-se,

$$P\left[X(t_1) - X(0) = k_1, \ldots, X(t_n) - X(t_{n-1}) = k_n\right] =$$

$$= P\left[X(t_1) = k_1\right] P\left[X(t_2) - X(t_1) = k_2 | X(t_1) = k_1\right] \ldots$$

$$\ldots P\left[X(t_n) - X(t_{n-1}) = k_n | X(t_1) = k_1, \ldots, X(t_{n-1}) - X(t_{n-2}) = k_{n-1}\right] =$$

$$= P\left[X(t_1) = k_1\right] P\left[X(t_2) - X(t_1) = k_2\right] \ldots P\left[X(t_n) - X(t_{n-1}) = k_n\right].$$

O processo também é de incrementos estacionários,

$$P\left[X(t) - X(s) = k\right] = P\left[X(t+h) - X(s+h) = k\right]$$

$$= e^{-v(t-s)} \frac{(v(t-s))^k}{k!}.$$

Além disso, para cada t, $X(t)$ é uma variável de Poisson de intensidade v,

$$P\left[X(t) = k\right] = e^{-vt} \frac{(vt)^k}{k!}.$$

Ou seja, conclui-se, como se acabou de verificar, que o processo de nascimento puro com taxa constante é na realidade um processo de Poisson.

144 | Processos estocásticos e aplicações

2. Considere-se um processo $\{X(t), t \geq 0\}$ de Furry-Yule, isto é, um processo de nascimento puro tal que $\lambda_i = i\lambda$, $i = 0, 1, 2, \ldots$

Nestas condições, tem-se,

$$p_{i,i}(t) = e^{-i\lambda t},$$

portanto,

$$p_{i,i+1}(t) = e^{-(i+1)\lambda t} \int_0^t e^{(i+1)\lambda s} i\lambda e^{-i\lambda s} ds$$

$$= i(e^{-\lambda t})^i (1 - e^{-\lambda t}),$$

vindo, por indução, para $i \leq j$,

$$p_{i,j}(t) = P\left[X(t+s) = j \,\middle|\, X(s) = i \right]$$

$$= P\left[X(t+s) - X(s) = j - i \,\middle|\, X(s) = i \right]$$

$$= \binom{j-1}{j-i} (e^{-\lambda t})^i (1 - e^{-\lambda t})^{j-i},$$

ou seja, verifica-se, em particular, que o incremento da dimensão da população num intervalo de amplitude t, $X(t+s) - X(s)$, condicionado pela situação em $X(s)$, apresenta uma distribuição binomial negativa de parâmetros, $p = e^{-\lambda t}$ e $r = i$. Consequentemente tem-se,

$$E\left[X(t+s) - X(s) \,\middle|\, X(s) = i \right] = i e^{\lambda t} (1 - e^{-\lambda t})$$

$$\mathrm{var}\left[X(t+s) - X(s) \,\middle|\, X(s) = i \right] = i e^{2\lambda t} (1 - e^{-\lambda t}).$$

Caso a dimensão da população inicial seja i, ou seja, $X(0)=i$ é um acontecimento certo, a distribuição condicional coincide com a não condicional, vindo,

$$P[X(t)=j]=p_{i,j}(t)=\binom{j-1}{j-i}(e^{-\lambda t})^i(1-e^{-\lambda t})^{j-i},$$

tendo-se,

$$E[X(t)]=E[X(t)-X(0)]+X(0)=ie^{\lambda t}$$

$$\text{var}[X(t)]=\text{var}[X(t)-X(0)]=ie^{2\lambda t}(1-e^{-\lambda t}),$$

o que mostra que num processo de Furry-Yule em que $X(0)=i$, como a taxa de natalidade é proporcional ao número de elementos da população, verifica-se que esta última cresce em média de forma exponencial e tem-se, em particular,

$$\lambda=\ln\frac{E[X(1)]}{i}.$$

3. Considere-se um indivíduo portador de uma doença contagiosa e admita-se que em determinado instante t pode ou não transmiti-la a outra pessoa. Na primeira situação, o número de portadores dessa doença no instante t passa para dois indivíduos e, na segunda, mantém-se igual a um. Estimou-se que ao fim de um dia o número médio de pessoas já infectadas era de cinco, isto é, $E[X(1)]=5$, onde $X(t)$ representa o número de pessoas portadoras da doença no instante t (unidade de tempo o dia). Nestas condições, pode-se concluir que o correspondente processo estocástico $\{X(t),t\geq0\}$ é um processo de Furry-Yule com $X(0)=1$ e tal que $\lambda=\ln E[X(1)]=1.61$, vindo, em particular,

$$E[X(3)]=125 \quad \text{e} \quad E[X(7)]=78125,$$

revelando que ao fim de três dias o número médio de pessoas contaminadas é igual a 125 e que ao fim de uma semana este valor passa para 78125 pessoas. Também se pode verificar, por exemplo,

$$P[X(3) > 100] = 0.45,$$

ou seja, a probabilidade de que estejam infectadas mais do que 100 pessoas decorrido o terceiro dia é igual a 0.45.

4. Tome-se um processo de nascimento e morte, $\{X(t), t \geq 0\}$, tal que, $X(0) = 1$, $\lambda_0 = 0$, $\lambda_i = i\lambda$ e $\mu_i = i\mu$, $i = 1, 2, \dots$. As correspondentes equações diferenciais de Kolmogorov progressivas estabelecem, neste caso,

$$p'_{1,0}(t) = \mu p_{1,1}(t)$$

$$p'_{1,1}(t) = -(\lambda + \mu) p_{1,1}(t) + 2\mu p_{1,2}(t)$$

$$p'_{1,j}(t) = (j-1)\lambda p_{1,j-1}(t) - j(\lambda + \mu) p_{1,j}(t) + (j+1)\mu p_{1,j+1}(t), \quad j > 1.$$

Além disso, tem-se também, uma vez que $X(0) = 1$ é um acontecimento certo,

$$P[X(t) = j] = P[X(t) = j \mid X(0) = 1] = p_{1,j}(t),$$

o que implica,

$$M(t) = E[X(t)] = \sum_{j=1}^{\infty} j p_{1,j}(t) \quad \text{e} \quad M'(t) = \sum_{j=1}^{\infty} j p'_{1,j}(t).$$

Cadeias de Markov a tempo contínuo | 147

Deste modo, multiplicando as duas últimas equações diferenciais acima referidas por $j \geq 1$ e somando em j, vem,

$$\sum_{j=1}^{\infty} j p'_{1,j}(t) =$$

$$= \lambda \sum_{j=1}^{\infty} j(j-1) p_{1,j-1}(t) - (\lambda + \mu) \sum_{j=1}^{\infty} j^2 p_{1,j}(t) + \mu \sum_{j=1}^{\infty} j(j+1) p_{1,j+1}(t),$$

obtendo-se a seguinte equação diferencial em termos da função $M(t)$,

$$M'(t) = \lambda E\left[(X(t)+1)X(t)\right] - (\lambda + \mu)E\left[X^2(t)\right] + \mu E\left[(X(t)-1)X(t)\right]$$

$$= (\lambda - \mu)M(t),$$

sujeita à condição inicial $M(0) = 1$, cuja solução será,

$$M(t) = e^{(\lambda - \mu)t} \Rightarrow (\lambda - \mu) = \frac{\ln M(t)}{t}.$$

Ou seja, conclui-se que o valor esperado do processo de nascimento e morte em consideração, tem um comportamento exponencial e que a diferença entre as taxas de natalidade e de mortalidade satisfazem a relação indicada.

5. Retome-se o anterior exemplo 3, numa situação mais conforme com a realidade, onde se supõe que qualquer indivíduo da população tem a possibilidade de transmitir a doença com probabilidade $\lambda h + o(h)$ e que qualquer indivíduo afectado pela doença pode ficar curado com probabilidade $\mu h + o(h)$. Neste caso, está-se perante

um processo $\{X(t), t \ge 0\}$ de nascimento e morte, onde $X(t)$ representa para cada instante o número de indivíduos afectados pela doença, o qual vai aumentando sempre que se dá uma transmissão da doença ou diminuindo cada vez que um indivíduo doente fica curado. Além disso, a situação descrita permite constatar que, quanto mais doentes existirem na população, maior é a possibilidade de haver uma transmissão da doença e, igualmente, maior será a possibilidade se operar uma cura. Este processo de nascimento e morte tem as características indicadas no exemplo anterior, ou seja, $X(0) = 1$, $\lambda_0 = 0$, $\lambda_i = i\lambda$ e $\mu_i = i\mu$, $i = 1, 2, \dots$. Admitindo que a taxa de transmissão da doença para cada indivíduo é a mesma do exemplo 3, $\lambda = 1.61$ e que o número médio de pessoas infectadas ao fim de um dia era, $E[X(1)] = 0.961$, implica que a taxa de cura por indivíduo vem,

$$\mu = 1.61 - \ln E[X(1)] = 1.649 \Rightarrow E[X(150)] = 0.0025,$$

significando que passados cinco meses a doença foi praticamente debelada.

4. Teoremas limite

A grande maioria dos conceitos relativos aos estados de uma cadeia de Markov a tempo discreto pode ser adaptada, de forma óbvia, às cadeias de Markov a tempo contínuo. Assim, por exemplo, diz-se que um estado j **é acessível a partir de** i, $i \to j$, se existe t tal que $p_{i,j}(t) > 0$. Desta forma, conceitos como cadeia irredutível, estados transitórios e recorrentes, são facilmente transpostos para as cadeias a tempo contínuo.

No processo de Poisson, por exemplo, pode-se constatar que não existem estados comunicantes, de facto, tem-se sempre $i \to i$ ou $i \to i+1$ em intervalos de amplitude suficientemente pequena, não existindo, por isso, a possibilidade de retorno a qualquer estado. Todos são estados transitórios. Por outro lado, também se verifica que para este processo, não existe distribuição limite, com efeito,

$$p_{i.j}(t) = \begin{cases} e^{-\lambda t} \dfrac{(\lambda t)^{j-i}}{(j-i)!}, & j \geq i \\ \\ 0, & i < j \end{cases}$$

consequentemente,

$$\lim_{t \to \infty} p_{i,j}(t) = 0, \quad \forall i, j \in E.$$

Todavia, nos processos de nascimento e morte, onde as transições possíveis em intervalos de amplitude suficientemente pequena são do tipo $i \to i$, $i \to i+1$ ou $i \to i-1$, pode-se pensar, por exemplo, em estados comunicantes e, nestas circunstâncias, existe a possibilidade de retorno a qualquer estado.

Na situação geral de cadeias de Markov a tempo contínuo, encontram-se estabelecidos na literatura diversos resultados teóricos respeitantes às probabilidades de transição e seus limites. Vai-se enunciar de seguida três dos mais relevantes, sem se apresentar as respectivas demonstrações, por saírem fora do âmbito do presente texto. Podem, contudo, ser consultadas em Feller (1971, Vol.II).

Teorema 1: *Numa cadeia de Markov a tempo contínuo a probabilidade de transição $p_{i,j}(t)$ é uma função uniformemente contínua relativamente a t, quaisquer que sejam os estados $i, j \in E$. Além disso, esta função é sempre positiva ou sempre nula para todo o valor de t, isto é,*

$$se\ p_{i,j}(t_1) > 0 \Rightarrow p_{i,j}(t) > 0, \quad \forall t$$

$$se\ p_{i,j}(t_1) = 0 \Rightarrow p_{i,j}(t) = 0, \quad \forall t.$$

Como consequência evidente deste teorema, pode-se enunciar o resultado seguinte,

Teorema 2: *Numa cadeia de Markov a tempo contínuo irredutível, tem-se* $p_{i,j}(t) > 0$ *para todos os estados* $i, j \in E$ *e para todo inteiro* $t > 0$.

Finalmente, a existência de uma distribuição limite é estabelecida através do teorema que se segue,

Teorema 3: *Numa cadeia de Markov a tempo contínuo irredutível, os limites,*

$$\lim_{t \to \infty} p_{i,j}(t) = p_j$$

existem sempre para todos os estados $i, j \in E$ *e são independentes do estado inicial* i. *Além disso, os* $\{p_j, j = 0, 1, 2, ...\}$ *são todos nulos ou são todos positivos e, neste último caso, formam uma distribuição de probabilidade,*

$$p_j > 0, \quad \forall j \quad e \quad \sum_{j=0}^{\infty} p_j = 1.$$

OBSERVAÇÃO:

Quando os limites das probabilidades de transição existirem e forem todos positivos, a cadeia de Markov a tempo contínuo diz-se recorrente positiva e a distribuição de probabilidade $\{p_j, j = 0, 1, 2, ...\}$ designa-se por **distribuição limite**. Nesta situação, demonstra-se que a distribuição $\{p_j, j = 0, 1, 2, ...\}$ satisfaz a equação,

$$p_j = \sum_{i=0}^{\infty} p_i\, p_{i,j}(t),$$

ou seja, é uma **distribuição estacionária**.

Tal como foi constatado para as cadeias de Markov a tempo discreto, no caso das cadeias homogéneas a tempo contínuo verifica-se também que, existindo a distribuição limite $\{p_j, j = 0,\, 1,\, 2,...\}$, esta é coincidente com $\lim_{t\to\infty} P[X(t) = j]$. De facto, tem-se,

$$P[X(t) = j] = P\left[X(t) = j \cap \bigcup_{i=0}^{\infty} X(0) = i \right]$$

$$= \sum_{i=0}^{\infty} p_{i,j}(t)\, p_i(0)\ ,$$

com $p_i(0) = P[X(0) = i]$, e admitindo que a cadeia é irredutível e que existe a respectiva distribuição limite, conclui-se,

$$\lim_{t\to\infty} P[X(t) = j] = \sum_{i=0}^{\infty} \lim_{t\to\infty} p_{i,j}(t)\, p_i(0)$$

$$= p_j \sum_{i=0}^{\infty} p_i(0)$$

$$= p_j\ ,$$

o que traduz que a distribuição limite representa a probabilidade de a cadeia assumir um determinado estado j ao fim de um longo período de tempo decorrido desde o seu estado inicial.

152 | Processos estocásticos e aplicações

Nestas circunstâncias, diz-se que a cadeia alcançou um **estado de equilíbrio** ou um **estado estável**, sendo a sua distribuição de probabilidade, $\{p_j, j = 0, 1, 2,...\}$, considerada como independente do tempo e que, em situações gerais, pode ser determinada a partir da resolução de uma equação às diferenças finitas. Por exemplo, no caso de um processo de nascimento e morte, às equações diferenciais de Kolmogorov progressivas,

$$p'_{i,j}(t) = \lambda_{j-1} p_{i,j-1}(t) - (\mu_j + \lambda_j) p_{i,j}(t) + \mu_{j+1} p_{i,j+1}(t), \quad j \geq 1,$$

$$p'_{i,0}(t) = -\lambda_0 \, p_{i,0}(t) + \mu_1 \, p_{i,1}(t),$$

correspondem numa situação de estabilidade, ou seja, fazendo $t \to \infty$, o conjunto de equações às diferenças finitas descritas em termos da distribuição $\{p_j, j = 0, 1, 2,...\}$,

$$\lambda_{j-1} p_{j-1} - (\mu_j + \lambda_j) p_j + \mu_{j+1} p_{j+1} = 0, \quad j \geq 1,$$

$$-\lambda_0 \, p_0 + \mu_1 \, p_1 = 0,$$

uma vez que se tem $\lim_{t \to \infty} p'_{i,j}(t) = 0^*$. A resolução destas últimas equações permite calcular a probabilidade de qualquer estado numa situação de equilíbrio da cadeia de Markov. Pode provar-se, por indução, que se obtém uma solução da forma, $p_j = \pi_j p_0$, $j = 1, 2, \dots$, com,

$$\pi_0 = 1 \quad \text{e} \quad \pi_j = \frac{\lambda_0 \lambda_1 \cdot \dots \cdot \lambda_{j-1}}{\mu_1 \mu_2 \cdot \dots \cdot \mu_j}.$$

---

* Sendo a derivada de uma função o limite da razão incremental, pode-se, neste caso, permutar os dois limites, concluindo-se,

$$\lim_{t \to \infty} p_{i,j}(t) = p_j \Rightarrow \lim_{t \to \infty} p'_{i,j}(t) = 0.$$

De facto, para $j = 1$ tem-se,

$$p_1 = \lambda_0 \mu_1^{-1} p_0 = \pi_1 p_0$$

e assumindo agora, por hipótese, que se tem $p_j = \pi_j p_0$, verifica-se que $p_{j+1} = \pi_{j+1} p_0$,

$$\mu_{j+1} p_{j+1} = -\lambda_{j-1} \pi_{j-1} p_0 + (\mu_j + \lambda_j) \pi_j p_0$$

$$= \lambda_j \pi_j p_0 + (\mu_j \pi_j - \lambda_{j-1} \pi_{j-1}) p_0$$

$$= \lambda_j \pi_j p_0,$$

o que implica o resultado acima referido. Por sua vez, atendendo a que $\sum_{j=0}^{\infty} p_j = 1$, conclui-se que a distribuição limite dos processos de nascimento e morte tem a forma,

$$p_j = \frac{\pi_j}{\sum_k \pi_k}, \quad j = 0, 1, 2, \ldots \ .$$

EXEMPLO:

Considere-se um processo de nascimento e morte com taxas tais que,

$$\lambda_i = \lambda, \quad i = 0, 1, 2, \ldots$$

$$\mu_i = i\mu, \quad i = 1, 2, \ldots \ .$$

Nestas condições, tem-se,

$$\pi_0 = 1 \quad \text{e} \quad \pi_j = \frac{\lambda^j}{j! \mu^j} = \frac{\rho^j}{j!},$$

com $\rho = \dfrac{\lambda}{\mu}$.

Caso $|\rho| < 1$, verifica-se,

$$\sum_{j=0}^{\infty} \pi_j = \sum_{j=0}^{\infty} \frac{\rho^j}{j!} = e^\rho < \infty \, ,$$

existindo distribuição limite para a cadeia de Markov e vem,

$$p_j = \frac{\pi_j}{\displaystyle\sum_k \pi_k}$$

$$= e^{-\rho} \frac{\rho^j}{j!}, \quad j = 0, \, 1, \, 2, \, \dots \, ,$$

ou seja, conclui-se que a distribuição limite é de Poisson de parâmetro ρ. No entanto, se $|\rho| > 1$ tem-se $\displaystyle\sum_{j=0}^{\infty} \pi_j = \infty$ e não existirá distribuição limite, dado que $p_j = 0$, $j = 0, \, 1, \, 2, \, \dots$.

EXERCÍCIOS:

❶. Seja $\{N(t), t \geq 0\}$ um processo de nascimento puro tal que $N(0) = 1$ e taxa de natalidade decrescente:

$$\lambda_n = \begin{cases} (M - n)\lambda, n \leq M \\[2mm] 0, n > M \end{cases}$$

onde M é um inteiro positivo. Designe, $P_n(t) = P[N(t) = n]$.

a) Prove que:

$$P'_n(t) = \begin{cases} -(M-1)\lambda P_n(t), & n=1 \\ (M-n+1)\lambda P_{n-1}(t) - (M-n)\lambda P_n(t), & 1 < n \le M \\ 0, n > M. \end{cases}$$

b) Prove por indução:

$$P_n(t) = \begin{cases} \binom{M-1}{n-1}(1-e^{-\lambda t})^{n-1}e^{-(M-n)\lambda t}, 1 \le n \le M \\ 0, n > M. \end{cases}$$

❷. Considere uma população de dimensão $N(t)$ no instante t e tal que $N(0) = 1$. Admita que qualquer dos membros desta população se divide em dois novos membros no intervalo $[t, t+h]$ com probabilidade $\lambda h + o(h)$ ou mantém-se inalterado neste intervalo com probabilidade $1 - \lambda h + o(h)$.

a) Prove que $\{N(t), t \ge 0\}$ é um processo de nascimento puro com taxa de natalidade $\lambda_n = n\lambda, n = 1, 2, \ldots$.

b) Designando $p_k(t) = P[N(t) = k]$, prove que:

$$p'_k(t) = (k-1)\lambda p_{k-1}(t) - k\lambda p_k(t), k = 1, 2, \ldots.$$

c) Tendo em conta a equação diferencial anterior, conclua por indução:

$$p_k(t) = e^{-k\lambda t}(e^{\lambda t} - 1)^{k-1}, k = 1, 2, \ldots.$$

156 | Processos estocásticos e aplicações

d) Seja $P(z,t) = \sum_{k=1}^{\infty} z^k p_k(t)$ a função geradora das probabilidades $p_k(t)$. Prove que:

$$P(z,t) = \frac{ze^{-\lambda t}}{1 - z + ze^{-\lambda t}}.$$

e) Calcule $E[N(t)]$.

❸. Seja $\{X(t), t \geq 0\}$ um processo de nascimento e morte tal que,

$$\lambda_n = \lambda q^n, \quad 0 < q < 1, \quad \lambda > 0, \quad n = 0,1,2,...$$

$$\mu_n = \mu, \quad \mu > 0, \quad n = 1,2,...$$

$$\mu_0 = 0.$$

Designe por $P_n(t) = P[X(t) = n]$.

a) Prove que,

$$P_0'(t) = -\lambda P_0(t) + \mu P_1(t)$$

$$P_n'(t) = \lambda q^{n-1} P_{n-1}(t) - (\lambda q^n + \mu) P_n(t) + \mu P_{n+1}(t), \quad n \geq 1$$

b) Sendo $p_n = \lim P_n(t)$, $t \to \infty$, $n = 0,1,2,...$ a probabilidade de um estado estável, prove por indução que,

$$p_n = p_0 \left(\frac{\lambda}{\mu}\right)^n q^{\frac{n(n-1)}{2}}, \quad n = 1,2,...$$

❹. Seja $\{X(t), t \geq 0\}$ um processo de nascimento e morte tal que,

$$\lambda_n = n\lambda + a \quad (n = 0,1,2,...),$$

$$\mu_n = n\mu \quad (n = 1,2,...),$$

com $\lambda > 0$, $\mu > 0$ e $a > 0$. Designe $P_n(t) = P[X(t) = n]$.

a) Prove que,

$$P_0'(t) = -a\, P_0(t) + \mu\, P_1(t)$$

$$P_n'(t) = [a + \lambda\,(n-1)]\, P_{n-1}(t) - [(\lambda + \mu)\, n + a]\, P_n(t) + \mu\,(n+1)\, P_{n+1}(t),\ \ n \geq 1$$

b) Sendo $p_n = \lim P_n(t)$, $t \to \infty$, $n = 0,1,2,\dots$, calcule p_2 em função de p_0. Dê a interpretação da probabilidade calculada.

❺. Considere um processo de nascimento e morte com dois estados, $E = \{0,\ 1\}$, e tal que:

$$p_{0,1}(h) = \alpha\, h + o(h)$$

$$p_{1,0}(h) = \beta\, h + o(h)$$

com $P_0(0) = P[X(0) = 0] = 1$.

a) Prove que:

$$P_0'(t) = \beta - (\alpha + \beta)P_0(t)$$

$$P_1'(t) = \alpha - (\alpha + \beta)P_1(t).$$

b) Prove que:

$$P_0(t) = \frac{\beta}{\alpha + \beta} + \frac{\alpha}{\alpha + \beta}e^{-(\alpha + \beta)t}.$$

Capítulo V

Teoria das filas de espera

1. Introdução: definições e generalidades

Uma situação de fila de espera é, no geral, caracterizada por um fluxo de clientes ou utentes que chegam a um ou mais postos de serviço a fim de satisfazerem uma qualquer necessidade. Caso o fluxo de chegada dos clientes exceda a capacidade de serviço dos postos de serviço, forma-se o que usualmente se chama uma **fila de espera**. Mais precisamente, um cliente ao chegar a um posto de serviço pode ser servido imediatamente se esse posto estiver desocupado ou terá de aguardar, formando uma fila, até que o referido posto fique disponível e possa, então, iniciar o seu serviço.

Como facilmente se depreende, a situação acabada de descrever é típica e comum na vida diária de qualquer pessoa: chegada de clientes a uma caixa de supermercado, chegada de veículos a um posto de uma portagem de auto-estrada, chegada de uma chamada telefónica a uma central de telefones, etc. No entanto, existem situações variadas que, numa primeira análise, parecem não se enquadrar no conceito de fila de espera acabado de definir, mas que podem ser contempladas nesta teoria. Por exemplo, uma máquina avariada pode representar um "cliente" que chega a um posto de serviço para ser reparada, o que mostra que o conceito de cliente pode ser utilizado de forma bastante mais abrangente.

São duas as principais características aleatórias presentes numa situação de fila de espera. A primeira, diz respeito ao processo de chegada dos clientes, que decorre de forma aleatória ao longo do tempo, e a segunda, ao tempo de serviço correspondente à ocupação do respectivo posto de serviço, por cada cliente. O desenvolvimento da teoria das filas de espera é baseado na descrição apropriada, em termos probabilísticos, destas duas componentes aleatórias.

Como se verá adiante, a caracterização de uma situação de fila de espera contempla, também, outro tipo de componentes, tais como, o tipo de postos de serviço, a disciplina de serviço, etc. Todas estas questões carecem de uma formalização apropriada para um desenvolvimento adequado da teoria das filas de espera e será o que se apresenta de seguida.

Assim, refere-se a um **sistema numa fila de espera** ao conjunto constituído pela fila de espera propriamente dita e pelos respectivos postos de serviço. Nestas condições, diz-se, por exemplo, que o número de clientes no sistema num certo instante, ou seja, o estado do sistema, é dado pelo número de clientes na fila mais o número de clientes em serviço nesse instante e que estão a ocupar um posto de serviço. Este facto tem como pressuposto que os clientes que concluem o seu serviço vão, como é evidente, abandonando o sistema.

Resumidamente, pode estabelecer-se que um sistema numa fila de espera tem em conta as características seguintes:

a) distribuição de probabilidade das chegadas dos clientes ou a distribuição dos intervalos entre chegadas de cada cliente, que se designa pelo *input* do sistema;

b) distribuição de probabilidade dos tempos de serviço de cada cliente, ou seja, o *output* do sistema;

c) tipo de postos de serviço;

d) tipo de disciplina de serviço;
e) número máximo de clientes permitido pelo sistema;
f) população donde provêm cada um dos clientes.

Analise-se detalhadamente cada uma destas características e o que significam em particular.

As duas primeiras, *a)* e *b)*, são as características aleatórias essenciais, referem-se ao *input* e ao *output* do sistema e estabelecem as distribuições probabilísticas das chegadas e dos tempos de serviço dos clientes que chegam e deixam o sistema. As chegadas são, em geral, representadas pela sucessão dos **tempos entre chegadas**, períodos aleatórios referentes ao tempo entre duas chegadas sucessivas, e as saídas do sistema pela sucessão dos **tempos de serviço**, períodos aleatórios de tempo entre o começo de dois serviços sucessivos. Cada uma destas sucessões admite-se ser IID.

Na característica *c)*, o tipo de postos de serviço pode ser, essencialmente, de duas espécies: em **série** ou em **paralelo**. No primeiro caso, o cliente deve passar sucessivamente através de todos os postos de serviço antes de completar o seu serviço, esquematicamente,

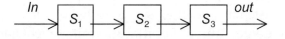

no segundo, em paralelo, vários clientes podem ser servidos em simultâneo,

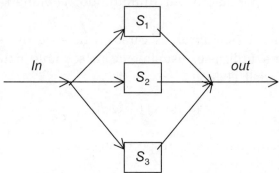

162 | Processos estocásticos e aplicações

Combinações mais ou menos complexas destes dois tipos de serviço podem, por vezes, ser consideradas.

O tipo de disciplina, característica d), refere a regra que estabelece o modo como se seleccionam os clientes da fila de espera para iniciarem o seu serviço. A mais usual é "primeiro a chegar, primeiro a ser servido", em que os clientes são servidos de acordo com a ordem de chegada. Podem-se, contudo, conceber em certas situações outros tipos de disciplina, como por exemplo, "último a chegar, primeiro a ser servido", "disciplina aleatória", "disciplina com prioridade", etc.

A característica e) diz respeito ao número máximo de clientes permitido pelo sistema, que pode ser finito ou infinito. Na situação de se limitar o número de clientes no sistema, admite-se que aos novos clientes entretanto chegados não é permitido juntarem-se à fila de espera, caso se exceda a capacidade do sistema. No entanto, faz-se notar que esta situação deve ser considerada distinta das duas seguintes: caso em que o cliente recusa a juntar-se à fila por esta ser demasiado longa e caso em que o cliente deixa o sistema, porque o tempo de espera é longo.

Finalmente f), a população desempenha um papel relevante no sistema, de facto, vai representar os potenciais clientes que acorrem ao sistema, podendo ser considerada finita ou infinita. Como é evidente, numa população finita a chegada de um cliente ao sistema irá afectar a taxa de chegadas de novos clientes, de facto, à medida que cada cliente entra no sistema a dimensão da população vai diminuindo, alterando a taxa de chegadas.

De forma a especificar as características de um sistema de fila de espera utiliza-se, usualmente, a seguinte notação sugerida por Kendall (1951),

$$(a\ /b\ /c){:}(d\ /e\ /f),$$

onde cada letra representa respectivamente,

a. distribuição das chegadas ou dos tempos entre chegadas;
b. distribuição dos tempos de serviço;
c. número de postos de serviço em paralelo;
d. disciplina de serviço;
e. número máximo de clientes no sistema;
f. população.

Os códigos seguintes substituem as letras a, b e dizem respeito às distribuições de probabilidade dos tempos entre chegadas ou dos tempos de serviço dos clientes:

M. designa a distribuição exponencial para as sucessões de variáveis aleatórias IID correspondentes a ambos os tempos. Em particular, significa que as chegadas ocorrem de acordo com um processo de Poisson;

D. sucessão dos tempos determinística;

E. distribuição gama para ambos os tempos;

GI. tempos entre chegadas independentes e sem especificar a distribuição;

G. tempos de serviço sem especificação da distribuição.

Quanto à letra d, utilizam-se os códigos,

FCFS – *"first come first served"* ou FIFO *"first in first out"*;
LCFS – *"last come first served"* ou *"LIFO "last in first out"*;
SIRO – *"service in random order"*;
  GD – *"general disciplin"*, ou seja, serviço onde não se especifica a disciplina.

O símbolo c é substituído por um número natural, representando o número de postos de serviço em paralelo e os símbolos e, f por um número natural ou por ∞, consoante o número de clientes no sistema ou na população.

164 | Processos estocásticos e aplicações

EXEMPLO:

(M/M/c):(FCFS/N/∞) designa um sistema de fila de espera com chegadas de Poisson, tempos de serviço exponenciais, c postos de serviço em paralelo, disciplina FCFS, número máximo de clientes N e população infinita.

Num sistema de fila de espera é usual distinguir-se duas situações em relação ao seu estado, isto é, ao número de clientes que ocupam o sistema. Assim, diz-se que o sistema se encontra num **estado transiente** quando começou recentemente a operar e, por esta razão, vai ser afectado pelo estado inicial e pelo período de tempo entretanto decorrido. No entanto, após algum tempo, em termos formais significa tomar $t \to \infty$, o sistema alcança um **estado de equilíbrio** ou **estado estável** e torna-se independente do estado inicial e do tempo decorrido. A condição de estado estável prevalece quando o desenvolvimento do sistema for independente do tempo. A situação acabada de descrever corresponde, como melhor será compreendido adiante, ao estado de equilíbrio alcançado por uma cadeia de Markov, tal como foi definido no final do capítulo anterior.

Designando por $X(t)$ a variável aleatória número de clientes no sistema no instante t, com $X(0) = 0$ a significar que o sistema começa a operar em $t = 0$ sem qualquer cliente, vai-se representar por $p_n(t)$ a probabilidade de existirem exactamente n clientes no sistema nesse instante, ou seja, a probabilidade de um estado transiente,

$$p_n(t) = P\big[X(t) = n\big].$$

Em situação de equilíbrio do sistema de fila de espera, ter-se-á,

$$p_n = \lim_{t \to \infty} p_n(t),$$

que representa a probabilidade de existirem n clientes no sistema muito tempo após este ter começado a operar. Esta probabilidade é independentemente do tempo entretanto decorrido e traduz a probabilidade de um estado estável.

No decorrer do presente capítulo serão utilizadas as notações seguintes. Assim, em relação ao fluxo de chegadas ao sistema (*input*), vai-se designar por λ a **taxa média de chegadas**, ou seja, número médio de clientes que chegam ao sistema por unidade de tempo, o que significa que $1/\lambda$ representa o tempo médio de chegada de cada cliente. No que se refere ao *output* do sistema, μ será a **taxa média de serviço** por cada posto, isto é, número médio de clientes servidos por unidade de tempo, a que corresponde um tempo médio de serviço por posto igual a $1/\mu$. A **intensidade de tráfico** designar-se-á por $\rho = \lambda/\mu$.

Em situação de equilíbrio do sistema de fila de espera, define-se o **número médio de clientes no sistema** e o **número médio de clientes na fila**, ou seja, o "comprimento médio do sistema" e o "comprimento médio da fila", respectivamente por,

$$L_s = \sum_{n=0}^{\infty} np_n \quad \text{e} \quad L_q = \sum_{n=c+1}^{\infty} (n-c)p_n \, ,$$

onde c representa o número de postos de serviço em paralelo.

Designando W_s o **tempo médio de espera por cliente no sistema** e W_q o **tempo médio de espera por cliente na fila**, podem-se estabelecer as seguintes relações, que se verificam em condições muito gerais quanto ao tipo de chegadas, de partidas e de disciplina de serviço no sistema, quando este se encontra em estado de equilíbrio,

$$L_s = \lambda W_s \quad \text{e} \quad L_q = \lambda W_q \, .$$

166 | Processos estocásticos e aplicações

A demonstração matemática rigorosa de tais relações é bastante complicada e sai dos objectivos deste texto. Demonstrações heurísticas são conhecidas desde há longa data, Morse (1958). No entanto, a segunda relação, por exemplo, verifica-se que faz todo o sentido, de facto, cada cliente que entra no sistema vai permanecer na fila até que o cliente imediatamente à sua frente conclua o serviço, deste modo, multiplicando o número médio de clientes que chegam ao sistema por unidade de tempo, λ, pelo tempo médio de espera por cliente na fila, W_q, obtém-se intuitivamente o número médio de clientes na fila de espera.

Por sua vez, atendendo às definições anteriormente estabelecidas, tem-se,

$$W_s = W_q + \frac{1}{\mu},$$

ou seja, a diferença entre os tempos médios de espera no sistema e na fila por cliente, indica qual o tempo médio de serviço, ou seja, o valor $1/\mu$. Multiplicando esta última igualdade por λ, vem,

$$L_s = L_q + \rho.$$

Como se pode reparar, a análise das últimas quatro expressões acabadas de referir, permite constatar que, conhecendo apenas um dos valores esperados e as taxas λ e μ, pode-se sempre encontrar o correspondente valor para os três restantes. Saliente-se, no entanto, que estas expressões são apenas válidas desde que todos os clientes entretanto chegados ao sistema possam, de facto, nele entrar. Nas situações em que tal não sucede, apesar da taxa média de chegadas ser λ, ter-se-á de definir uma taxa média efectiva de chegadas, designada genericamente por λ_{ef}, a qual substituirá λ nas relações anteriores. Um exemplo de um caso destes surge quando existe uma limi-

Teoria das filas de espera | 167

tação quanto ao número máximo de clientes admitidos pelo sistema, tornando-o inacessível quando se encontra completo.

2. Modelos de fila de espera Poissonianos

Neste parágrafo vão-se apresentar os principais modelos de fila de espera em que os clientes chegam ao sistema de acordo com um processo de Poisson de intensidade λ, ou o que é equivalente, a sucessão dos tempos entre chegadas é IID com distribuição exponencial de parâmetro λ, e em que a sucessão dos tempos de serviço é IID com distribuição exponencial de parâmetro μ.

2.1 *Modelo* (M/M/1):(FCFS/∞/∞)

Neste modelo, o processo $\{X(t), t \geq 0\}$ é, como foi visto no capítulo anterior no exemplo "caso de uma fila de espera", página 133, um processo de nascimento e morte com $\lambda_n = \lambda$, $n = 0, 1, 2, \dots$ e $\mu_n = \mu$, $n = 1, 2, \dots$. Nestas condições, tem-se,

$$p_{n,n+1}(t) = \lambda t + o(t)$$

$$p_{n,n-1}(t) = \mu t + o(t)$$

$$p_{n,n}(t) = 1 - (\lambda + \mu)t + o(t).$$

Recorde-se, também, que para estes processos se tem,

$$p_{i,j}(h) = o(h), \quad i > j+1 \text{ e } i < j-1,$$

$$\sum_{\substack{i>j+1 \\ i<j-1}} p_{i,j}(h) = o(h).$$

168 | Processos estocásticos e aplicações

Assim sendo, vem para $n \geq 1$,

$$p_n(t+h) = \sum_{k=0}^{\infty} P\left[X(t+h) = n \,|\, X(t) = k\right] P\left[X(t) = k\right]$$

$$= p_{n-1,n}(h)p_{n-1}(t) + p_{n,n}(h)p_n(t) + p_{n+1,n}(h)p_{n+1}(t) + o(h)$$

$$= \lambda h p_{n-1}(t) + (1 - \lambda h - \mu h)p_n(t) + \mu h p_{n+1}(t) + o(h),$$

permitindo estabelecer a equação diferencial,

$$p_n'(t) = \lambda p_{n-1}(t) - (\lambda + \mu)p_n(t) + \mu p_{n+1}(t).$$

De forma análoga, para $n = 0$ virá,

$$p_0'(t) = -\lambda p_0(t) + \mu p_1(t).$$

A resolução destas equações diferenciais permite calcular a probabilidade de qualquer estado transiente. No entanto, devido à dificuldade em se obter as respectivas soluções, apenas se vai estudar a sua resolução para estados estáveis, ou seja, quando se toma $t \to \infty$ e se passa a trabalhar com as correspondentes equações às diferenças finitas. Neste último contexto, como será verificado adiante, é possível, em situação de estabilidade do sistema, encontrar uma solução para tais equações, desde que $\lambda < \mu$.

Para se chegar a tal conclusão, suponha-se, antes de tudo, que existe $p_n = \lim_{t \to \infty} p_n(t)$, o que implica, por sua vez, que $\lim_{t \to \infty} p_n'(t) = 0$. Nestas condições, fazendo $t \to \infty$ no sistema de equações diferenciais anteriormente deduzido, obtém-se o conjunto de equações às diferenças finitas,

$$\lambda p_{n-1} - (\lambda + \mu)p_n + \mu p_{n+1} = 0, \quad n \geq 1$$

$$-\lambda p_0 + \mu p_1 = 0, \quad n = 0.$$

OBSERVAÇÃO:

Este sistema de equações pode ser alcançado por um processo diferente do indicado. Assim, tomando as equações diferenciais de Kolmogorov progressivas para o caso do processo de nascimento e morte em consideração, tem-se,

$$p'_{i,n}(t) = \lambda p_{i,n-1}(t) - (\mu + \lambda) p_{i,n}(t) + \mu p_{i,n+1}(t), \quad n \geq 1,$$

$$p'_{i,0}(t) = -\lambda p_{i,0}(t) + \mu p_{i,1}(t) ,$$

Admitindo, agora, a existência da distribuição limite $p_n = \lim_{t \to \infty} p_{i,n}(t)$, obtém-se o sistema de equações às diferenças finitas acima indicado.

A solução destas equações às diferenças pode, também, ser encontrada com recurso a duas metodologias diferentes, que se vão referir de seguida, uma vez que representam técnicas distintas e usuais na resolução deste tipo de problema.

A primeira delas tem em conta os resultados obtidos no final do capítulo anterior, página 152, que estabelecem a forma da distribuição limite para um processo de nascimento e morte, permitindo concluir neste caso,

$$\pi_0 = 1 \quad \text{e} \quad \pi_k = \left(\frac{\lambda}{\mu} \right)^k \Rightarrow \sum_{k=0}^{\infty} \pi_k = \frac{1}{1 - \rho}, \quad \rho = \frac{\lambda}{\mu} < 1,$$

vindo, a probabilidade do estado estável referente à existência de exactamente n clientes no sistema,

$$p_n = (1 - \rho)\rho^n, \quad n = 0, 1, 2,...$$

A segunda metodologia, tem em conta que a primeira equação em causa representa uma equação às diferenças finitas homogénea de segunda ordem e baseia-se na teoria geral de resolução destas equações, descrita sumariamente no lema seguinte,

Lema: *Considere-se a equação às diferenças finitas homogénea de ordem n,*

$$y_{k+n} + a_1 y_{k+n-1} + \ldots + a_n y_k = 0$$

e a correspondente equação característica,

$$m^n + a_1 m^{n-1} + \ldots + a_{n-1} m + a_n = 0 \, .$$

Então, admitindo que as n raízes desta equação, $m_1, \ldots, m_n$, são todas reais e distintas, a solução geral da equação homogénea vem dada pela combinação linear das n soluções particulares m_i^k, $i = 1, \ldots, n$,

$$y_k = C_1 m_1^k + \ldots + C_n m_n^k \, ,$$

onde $C_1, \ldots, C_n$ representam constantes.

Ora, a equação que se pretende resolver para $n \geq 1$ pode ser escrita na forma,

$$p_{n+2} - \frac{\lambda + \mu}{\mu} p_{n+1} + \frac{\lambda}{\mu} p_n = 0 \, ,$$

que representa uma equação às diferenças de ordem 2, com equação característica,

$$m^2 - \frac{\lambda + \mu}{\mu} m + \frac{\lambda}{\mu} = 0 \, .$$

Esta última equação apresenta duas raízes reais e distintas, caso $\lambda \neq \mu$,

$$m_1 = \frac{\lambda}{\mu} \quad \text{e} \quad m_2 = 1 \, ,$$

vindo a solução geral,

$$p_n = C_1 + C_2 \left(\frac{\lambda}{\mu} \right)^n, \quad n \geq 1.$$

As constantes C_1 e C_2 podem ser determinadas a partir da condição,

$$\sum_{n=0}^{\infty} p_n = 1,$$

resultando de imediato que $C_1 = 0$. Tendo em conta a equação às diferenças para $n = 0$ e a solução geral acima referida, tem--se que $p_1 = \rho\, p_0 = C_2 \rho$, o que implica $p_0 = C_2$. Deste modo, a constante C_2 tomará um valor tal que,

$$C_2 \sum_{n=0}^{\infty} \left(\frac{\lambda}{\mu} \right)^n = 1.$$

Desde que se admita $\rho = \dfrac{\lambda}{\mu} < 1$, esta série é convergente, vindo, portanto,

$$C_2 = 1 - \rho,$$

e encontra-se a mesma expressão anteriormente referida para a probabilidade de existirem exactamente n clientes no sistema em situação de equilíbrio,

$$p_n = (1 - \rho)\rho^n, \quad n = 0,\ 1,\ 2,\dots,$$

significando que se está perante uma distribuição geométrica de valor médio e variância respectivamente $\dfrac{\rho}{1-\rho}$ e $\dfrac{\rho}{(1-\rho)^2}$.

Sendo assim, concluí-se que o número médio de clientes no sistema virá,

$$L_s = \sum_{n=0}^{\infty} np_n = \frac{\rho}{1-\rho}$$

implicando que os restantes valores médios, atendendo às relações estabelecidas no parágrafo anterior, virão,

$$L_q = \frac{\rho^2}{1-\rho}, \quad W_s = \frac{1}{\mu(1-\rho)} \quad \text{e} \quad W_q = \frac{\rho}{\mu(1-\rho)} \, .$$

Vai-se finalizar o estudo do modelo (M/M/1):(FCFS/∞/∞) fazendo uma breve referência à dedução da distribuição de probabilidade da variável aleatória **tempo de espera de um cliente no sistema**, designada por τ. Assim, representando τ_n a variável tempo de espera de um cliente no sistema quando, ao chegar, encontra n clientes no sistema, simbolicamente pode-se escrever, $\tau_n = \tau | n$, tem-se,

$$\tau_n = T_1' + T_2 + \ldots + T_n + T_{n+1},$$

onde T_1' é o tempo necessário para o cliente que está em serviço poder terminá-lo, $T_2, \ldots, T_n$ são os tempos de serviço dos restantes $n-1$ clientes e T_{n+1} o tempo de serviço do cliente que acaba de chegar.

Neste modelo, como se sabe, T_i, $i = 2, \ldots, n+1$ são variáveis aleatórias IID exponenciais de parâmetro μ e, além disso, pode-se provar que a variável T_1' é também exponencial com o mesmo parâmetro e independente destas últimas *. Resulta,

---

* A demonstração deste resultado pode ser realizada no âmbito dos processos de contagem dos renovamentos a propósito do conceito de vida em excesso, ver § 5 do Capítulo II.

deste modo, que a variável τ_n, sendo a soma de exponenciais independentes, terá uma distribuição gama de parâmetros $(n+1, \mu)$. Esta constatação, permite estabelecer a distribuição de probabilidade da variável τ, tempo de espera de um cliente no sistema. Com efeito,

$$P[\tau \leq t] = \sum_{n=0}^{\infty} P[\tau \leq t, \ n \text{ clientes no sistema}]$$

$$= \sum_{n=0}^{\infty} P[\tau \leq t | \ n \text{ clientes no sistema}] p_n$$

$$= \sum_{n=0}^{\infty} P[\tau_n \leq t] p_n,$$

o que implica, por derivação, que a correspondente densidade de probabilidade vem,

$$f_\tau(t) = \sum_{n=0}^{\infty} f_{\tau_n}(t) p_n$$

$$= \sum_{n=0}^{\infty} \frac{\mu^{n+1}}{n!} t^n e^{-\mu t} (1-\rho)\rho^n$$

$$= \mu(1-\rho) e^{-\mu(1-\rho)t}, \quad t > 0.$$

Ou seja, a variável tempo de espera tem distribuição exponencial e de valor médio $W_s = \dfrac{1}{\mu(1-\rho)}$, como já tinha sido referido.

EXEMPLO:

Numa estação de correio admita-se que os clientes dirigem-se a um determinado balcão de acordo com um processo de Poisson de taxa média 20 clientes por hora e que se verificou que o tempo de serviço de cada cliente era em média de 2 minutos e exponencialmente distribuído. Esta situação pode ser descrita por um modelo de fila de espera (M/M/1):(FCFS/∞/∞) tal que, tomando o minuto como unidade de tempo, se tem,

$$E[N(60)] = 20 \Rightarrow \lambda = E[N(1)] = \frac{1}{3} \quad \text{e} \quad \frac{1}{\mu} = 2 \Rightarrow \mu = \frac{1}{2},$$

vindo a intensidade de tráfico $\rho = \frac{2}{3}$. Nestas condições e em situação de equilíbrio do sistema de fila de espera, tem-se que a probabilidade, por exemplo, de o balcão se encontrar sempre ocupado vem dada por,

$$P[\text{balcão sempre ocupado}] = \sum_{n=1}^{\infty} p_n$$

$$= 1 - p_0 = \rho = 0.6666$$

e a probabilidade de se encontrarem no máximo cinco clientes na fila de espera,

$$P[\text{máximo 5 clientes em fila}] = \sum_{n=0}^{6} p_n$$

$$= \sum_{n=0}^{6} (1 - \tfrac{2}{3})(\tfrac{2}{3})^n$$

$$= 1 - (\tfrac{2}{3})^7 = 0.94147$$

O tempo médio de espera de cada cliente no sistema virá,

$$W_s = \frac{1}{\mu(1-\rho)} = 6 \text{ minutos.}$$

2.2 Modelo (M/M/1):(SIRO/∞/∞)

Este modelo é semelhante ao anteriormente estudado, diferindo apenas na disciplina de serviço que passa a ser aleatória. No entanto, como se pode verificar, a dedução da expressão para a probabilidade p_n no modelo (M/M/1):(FCFS/∞/∞) não teve em conta o tipo de disciplina de serviço considerado. Pode-se, deste modo, concluir que qualquer que seja o tipo de disciplina estabelecido, em particular, a de tipo SIRO, a probabilidade de existirem n clientes no sistema numa situação de estabilidade e em modelos análogos ao acima referido, vem sempre dada por,

$$p_n = (1-\rho)\rho^n, \quad n = 0, 1, 2,...$$

Os diferentes tipos de disciplina de serviço nestes modelos irão afectar, consequentemente, apenas as respectivas distribuições da variável tempo de espera, mantendo-se inalterados todos os valores esperados anteriormente estabelecidos. Em particular, como o número médio de clientes no sistema,

$$L_s = \sum_{n=0}^{\infty} np_n,$$

é o mesmo para as diferentes disciplinas de serviço, pode-se também concluir que o tempo médio de espera, $W_s = \frac{L_s}{\lambda}$, irá manter o mesmo valor, apesar da distribuição de probabilidade do tempo de espera para cada tipo de disciplina ser diferente.

2.3 Modelo (M/M/1):(GD/ N /∞)

Neste modelo, sendo N o número máximo de clientes permitido no sistema, estabelece-se que mais nenhum cliente pode entrar no sistema quando este se encontra completo, ou seja, a probabilidade de não chegar nenhum cliente quando o sistema está completo é igual à unidade, o que implica, em particular,

$$p_{N,N}(h) = P\big[\text{não chegar nenhum cliente em } I(h) \text{ e não se terminar o serviço em } I(h)\big] + o(h)$$

$$= P\big[N(h)=0\big]\ P\big[S>h\big] + o(h)\ = 1\times(e^{-\mu h}) + o(h)$$

$$= 1 - \mu h + o(h).$$

Assim, por comparação com as deduções realizadas para o modelo (M/M/1):(FCFS/∞/∞) e fazendo as adaptações necessárias, pode verificar-se que, em situação de estabilidade do sistema, as probabilidades p_n satisfazem as seguintes equações às diferenças,

$$p_1 - \rho\, p_0 = 0, \quad n = 0$$

$$p_{n+1} - (1+\rho)p_n + \rho\, p_{n-1} = 0, \quad 0 < n < N$$

$$-p_n + \rho\, p_{n-1} = 0, \quad n = N.$$

Neste caso, verifica-se por substituições sucessivas que $p_n = \rho^n p_0$, $n \geq 0$ e atendendo a que $\displaystyle\sum_{n=0}^{N} p_n = 1 \Rightarrow p_0 = \frac{1-\rho}{1-\rho^{N+1}}$, tem-se que a resolução daquelas equações às diferenças finitas conduz à seguinte solução geral,

$$p_n = \left(\frac{1-\rho}{1-\rho^{N+1}}\right)\rho^n, \quad n = 0,\ 1,\ 2,...,\ N,$$

não sendo necessário exigir, para este modelo, que $\rho < 1$.

Nestas circunstâncias, o número médio de clientes no sistema vem para o modelo em consideração,

$$L_s = \sum_{n=0}^{N} n\, p_n = \frac{\rho\left[1-(N+1)\rho^N + N\rho^{N+1}\right]}{(1-\rho)(1-\rho^{N+1})}.$$

Levando em conta que, no presente modelo, nem todos os clientes chegados ao sistema podem nele entrar, ou seja, que há clientes que se perdem, tem de se definir, nesta situação, a taxa efectiva de chegadas,

$$\lambda_{ef} = \lambda(1-p_N),$$

onde $(1-p_N)$ representa a probabilidade de poder entrar no sistema algum cliente. Deste modo, tem-se,

$$W_s = \frac{L_s}{\lambda_{ef}}, \quad W_q = \frac{L_q}{\lambda_{ef}} \quad \text{e} \quad L_s = L_q + \frac{\lambda_{ef}}{\mu}.$$

EXEMPLO:

Num programa radiofónico aberto à participação dos ouvintes através do telefone, admita-se que as chamadas telefónicas acorrem à estação de rádio de acordo com um processo de Poisson de taxa média 2 ouvintes por cada 5 minutos e que o tempo de duração de cada intervenção de um ouvinte é em média de 3 minutos e exponencialmente distribuído. Suponha-se, além disso, que, por limitações da central telefónica, apenas é possível manter 2 chamadas em espera enquanto a linha estiver ocupada. A situação descrita permite estabelecer um modelo (M/M/1):(GD/3/∞) para o correspondente modelo de fila de espera, tal que, tomando o minuto como unidade de tempo,

$$\lambda = \frac{2}{5} \quad \text{e} \quad \mu = \frac{1}{3} \Rightarrow \rho = \frac{6}{5}.$$

178 | Processos estocásticos e aplicações

Nestas condições, a probabilidade de se perderem chamadas telefónicas devido ao facto do sistema se encontrar completo vem,

$$P[\text{perderem-se chamadas}] = p_3$$

$$= \left(\frac{1 - \frac{6}{5}}{1 - (\frac{6}{5})^4} \right) \left(\frac{6}{5} \right)^3 = 0.3219.$$

A taxa efectiva de chegadas toma o valor,

$$\lambda_{ef} = \frac{2}{5}(1 - 0.3219) = 0.2712,$$

o que implica, aplicando as formulas acima estabelecidas, que $W_q \approx 6$ minutos, ou seja, um ouvinte que esteja a aguardar a sua vez para intervir no programa, terá de aguardar em média cerca de 6 minutos.

2.4 Modelo (M/M/c):(GD/∞/∞)

Admitindo este modelo a existência de c postos de serviço em paralelo, o processo $X(t)$ continua a ser um processo de nascimento e morte. De facto, representando por $\{N(t), t \geq 0\}$ o processo de Poisson relativo à chegada de clientes, tem-se,

$$p_{n,n+1}(t) = P[N(t) = 1]\, P[\text{nenhum cliente deixar o sistema}] + o(t)$$

$$= \begin{cases} \lambda t e^{-\lambda t} \left(e^{-\mu t} \right)^c + o(t), & n \geq c \\\\ \lambda t e^{-\lambda t} \left(e^{-\mu t} \right)^n + o(t), & n < c \end{cases}$$

$$= \begin{cases} \lambda t + o(t), & n \geq c \\ \\ \lambda t + o(t), & n < c, \end{cases}$$

vindo, portanto $\lambda_n = \lambda, \ \forall n \geq 0$;

$$p_{n,n-1}(t) = P\big[N(t) = 0\big]\, P\big[\text{um cliente deixar o sistema}\big] + o(t)$$

$$= \begin{cases} e^{-\lambda t}\dbinom{c}{1}(1 - e^{-\mu t})\left(e^{-\mu t}\right)^{c-1} + o(t), & n \geq c \\ \\ e^{-\lambda t}\dbinom{n}{1}(1 - e^{-\mu t})\left(e^{-\mu t}\right)^{n-1} + o(t), & n < c \end{cases}$$

$$= \begin{cases} c\mu t + o(t), & n \geq c \\ \\ n\mu t + o(t), & n < c, \end{cases}$$

tendo-se,

$$\mu_n = \begin{cases} n\mu, & n < c \\ \\ c\mu, & n \geq c. \end{cases}$$

Seguindo um raciocínio análogo ao que já tem sido feito em situações anteriores, pode-se para este caso estabelecer as correspondentes equações diferenciais,

$$p_0'(t) = \mu p_1(t) - \lambda p_0(t), \quad n = 0$$

$$p_n'(t) = \lambda p_{n-1}(t) - (\lambda + n\mu)p_n(t) + (n+1)\mu p_{n+1}(t), \quad 0 < n < c$$

$$p_n'(t) = \lambda p_{n-1}(t) - (\lambda + c\mu)p_n(t) + c\mu p_{n+1}(t), \quad n \geq c.$$

180 | Processos estocásticos e aplicações

Fazendo $t \to \infty$ e admitindo a existência de $p_n = \lim\limits_{t \to \infty} p_n(t)$, obtém-se as seguintes equações às diferenças finitas em situação de estabilidade do sistema de fila de espera,

$$-\lambda p_0 + \mu p_1 = 0, \quad n = 0$$

$$\lambda p_{n-1} - (\lambda + n\mu)p_n + (n+1)\mu p_{n+1} = 0, \quad 0 < n < c$$

$$\lambda p_{n-1} - (\lambda + c\mu)p_n + c\mu p_{n+1} = 0, \quad n \geq c.$$

Tendo em conta o referido na pág. 152, a solução do sistema para $n > 0$ será da forma $p_n = \pi_n p_0$ com $\pi_n = \dfrac{\lambda_0 \ldots \lambda_{n-1}}{\mu_1 \ldots \mu_n}$, vindo, portanto,

$$p_n = \begin{cases} \dfrac{\rho^n}{n!} p_0, & 0 \leq n \leq c \\[3mm] \dfrac{\rho^n}{c^{n-c} c!} p_0, & n > c. \end{cases}$$

E uma vez que $\sum\limits_{n=0}^{\infty} p_n = 1$, conclui-se,

$$p_0 = \left[\sum_{n=0}^{c-1} \frac{\rho^n}{n!} + \frac{\rho^c}{c!(1 - \frac{\rho}{c})} \right]^{-1},$$

sujeito à condição $\dfrac{\rho}{c} < 1$.

Designe-se por L a variável aleatória número de clientes na fila de espera em situação de estabilidade,

$$L = \begin{cases} 0, & P[L=0] = \displaystyle\sum_{k=0}^{c} p_k \\[2em] n, & P[L=n] = p_{c+n}, \quad n \geq 1 \end{cases}$$

Nestas condições tem-se,

$$L_q = E[L]$$

$$= \sum_{n=1}^{\infty} n p_{c+n}$$

$$= \sum_{n=1}^{\infty} n \frac{\rho^{c+n}}{c^n c!} p_0$$

Vindo, após alguns cálculos,

$$L_q = \frac{\rho^{c+1}}{(c-1)!(c-\rho)^2} p_0$$

$$= \left[\frac{c\rho}{(c-\rho)^2} \right] p_c.$$

Note-se que, fazendo $c = 1$, encontram-se todos os resultados estabelecidos para o modelo (M/M/1):(FCFS/∞/∞), como seria de esperar.

EXEMPLO:

Retome-se o exemplo anterior da estação de correio (pág. 174), mantenham-se as taxas médias de chegadas e de serviço, mas admita-se que os clientes fazem uma mesma fila para dois balcões de atendimento. Passa-se a ter um modelo (M/M/2):(GD/∞/∞), vindo neste caso,

$$p_0 = \left[1 + \frac{2}{3} + \frac{(\frac{2}{3})^2}{(2 - \frac{2}{3})} \right]^{-1} = 0.5 \ .$$

Atendendo às formulas deduzidas para o presente modelo verifica-se,

$$L_q = \frac{(\frac{2}{3})^3}{2(2 - \frac{2}{3})^2} = 0.083 \ ,$$

implicando que se tem $W_q = 0.25$ minutos e $W_s = 0.75$ minutos, significando, em particular, que o tempo médio de espera no sistema vem, neste caso, igual a 45 segundos, o que mostra, como seria de prever, que o tempo de espera em média foi substancialmente reduzido com a introdução de um novo balcão de atendimento.

EXERCÍCIOS:

❶. Num auto-banco os clientes chegam de acordo com uma distribuição de Poisson com valor médio 10 clientes por hora. O tempo de serviço por cliente é exponencial de valor médio 5 minutos. O espaço situado em frente ao posto de serviço, incluindo o carro que está a ser servido, comporta no máximo 3 viaturas e as restantes terão de esperar fora deste espaço.

a) Qual a probabilidade de que um cliente acabado de chegar possa estacionar em frente ao posto de serviço?

b) Qual a probabilidade de que um cliente acabado de chegar tenha de esperar fora desse espaço?

c) Quanto tempo terá de esperar em média um cliente acabado de chegar antes de começar o seu serviço?

❷. Numa estação de serviço com um posto de atendimento os clientes chegam de acordo com uma lei de Poisson se intensidade 1/16. O tempo de serviço de cada cliente é uma variável aleatória exponencial de valor médio 15 minutos e o custo de serviço de cada cliente é de C unidades monetárias por minuto.

a) Determine o número médio de clientes no sistema.

b) Se o número médio de clientes servidos por minuto passar para 1/10, qual o aumento médio do custo de serviço por minuto?

c) Que valor deverá tomar o número médio de clientes servido por minuto de forma a que:

– o número médio de clientes no sistema seja inferior a 10?

– o aumento médio do custo de serviço por minuto não exceda o valor C?

❸. A um serviço, com um único posto, de um terminal de aeroporto acorrem dois tipos de passageiros: provenientes de linhas internas e de linhas internacionais. Admita que as chegadas destes dois grupos se processa de acordo com uma lei de Poisson de parâmetros 10 e 5 por hora respectivamente. Suponha que o tempo de serviço é exponencial com valor médio 3 minutos.

a) Determine para que valor deverá passar o tempo médio de serviço de forma a que o tempo médio de espera no sistema seja o mesmo no caso de existirem dois postos de serviço com características semelhantes às do posto inicial.

184 | Processos estocásticos e aplicações

b) Determine a probabilidade de que estes dois postos de serviço se encontrem ocupados.

❹. A uma portagem de auto-estrada com um único posto de pagamento chegam em média 180 viaturas por hora de acordo com uma lei de Poisson. O tempo que cada viatura leva a proceder ao pagamento da portagem é exponencial com taxa média 4 viaturas por minuto.

a) Qual a probabilidade de que num período de 5 minutos cheguem mais do que 20 viaturas?

b) Determine o número médio de viaturas que se encontram nesta portagem.

❺. Considere o modelo (M/M/c):(GD/ N/ ∞), $c < N$. Prove que:

a)

$$\mu p_1 - \lambda p_0 = 0, n = 0$$

$$(n+1)\mu p_{n+1} + \lambda p_{n-1} - (n\mu + \lambda)p_n = 0, 0 < n < c$$

$$c\mu p_{n+1} + \lambda p_{n-1} - (c\mu + \lambda)p_n = 0, c \le n < N$$

$$\lambda p_{N-1} - c\mu p_N = 0, n = N.$$

b) A solução da equação anterior é:

$$p_n = \begin{cases} \dfrac{\rho^n}{n!} p_0, & 0 \le n < c \\\\ \dfrac{\rho^n}{c!c^{n-c}} p_0, & c \le n \le N, \end{cases}$$

com $p_0 = \left\{ \sum_{n=0}^{c} \dfrac{\rho^n}{n!} + \sum_{n=c+1}^{N} \dfrac{\rho^n}{c!c^{n-c}} \right\}^{-1}$.

c)

$$L_q = p_0 \dfrac{\rho^{c+1}}{(c-1)!(c-\rho)^2} \left[1 - \left(\dfrac{\rho}{c} \right)^{N-c} - (N-c)\left(\dfrac{\rho}{c} \right)^{N-c}\left(1 - \dfrac{\rho}{c} \right) \right].$$

❻. Considere uma estação de táxis onde os clientes chegam de acordo com processo de Poisson de taxa 1 por minuto. Nesta estação apenas podem estar dois táxis e cada um deles, depois de ter realizado um serviço com um cliente, volta à estação para apanhar outro cliente. Suponha que os períodos de tempo em que cada táxi se encontra fora da estação são IID, exponencialmente distribuídos de valor médio 20 minutos. Admita que os táxis esperam por clientes independentemente do número de táxis que estão na estação e que cada cliente acabado de chegar espera por um táxi se o número de clientes já à espera for menor ou igual a dois.

a) Descreva e caracterize o sistema de fila de espera relativo aos clientes. Justifique.

b) Calcule o número médio de clientes à espera de um táxi.

❼. A uma clínica médica de análises os doentes chegam de acordo com um processo de Poisson à média de 30 doentes por hora. A sala de espera não comporta mais do que 14 doentes, não se aceitando mais nenhum doente caso a sala esteja completa. O tempo de serviço por doente é exponencial à taxa de 20 por hora.

a) Qual a probabilidade de que um doente ao chegar não tenha de esperar? E qual a de encontrar local vago na sala de espera?

b) Calcule o número médio de clientes na clínica.

Capítulo VI

Tópicos diversos

1. Martingalas

1.1 *Definições e exemplos*

Neste capítulo vai-se estudar um tipo particular de processos estocásticos, designado por **martingala**. Estes processos, como se verá adiante, constituem uma ferramenta de grande utilidade em alguns desenvolvimentos da Teoria dos Processos Estocásticos e as suas propriedades podem ser aplicadas no estudo de uma vasta gama de processos.

Um processo estocástico $\{X_n, n = 0,1,2,...\}$ diz-se uma **martingala** se,

1. $E\left[\left|X_n\right|\right] < \infty, \quad \forall n$;

2. $E\left[X_{n+1}\middle|X_0,...,X_n\right] = X_n, \quad \forall n$.

OBSERVAÇÃO:

A definição de martingala, termo de origem francesa, está historicamente relacionada com o conceito de jogo honesto. Interpretando X_n como o ganho de um jogador após efectuar n jogadas, a segunda propriedade de martin-

188 | Processos estocásticos e aplicações

gala estabelece que o valor esperado do ganho após a $(n+1)$-ésima jogada é igual ao ganho obtido após a n-ésima jogada, independentemente do que tenha ocorrido até ali. Ou seja, o jogador espera em cada jogada manter o que já tinha ganho até à jogada anterior.

O conceito de martingala, como se acabou de verificar, faz apelo à noção de valor esperado condicional, recorde-se, então, algumas das suas propriedades mais importantes, frequentemente utilizadas no estudo deste tipo de processos.

Lema: *Seja X, Y e Z variáveis aleatórias para as quais existem os seus primeiros momentos, então,*

a) $E[Y] = E\{ E[Y|X] \}$.

b) $E[X|Z] = E\{ E[X|Y,Z] \,|\, Z \}$.

DEMONSTRAÇÃO:

Sem perda de generalidade, fazem-se as demonstrações no caso em que as variáveis são discretas e vão utilizar-se as notações seguintes para as diferentes funções de probabilidade,

$$f(x) = P[X = x] , \ f(x,y) = P[X = x, Y = y] , \ f(x,y,z) = P[X = x, Y = y, Z = z]$$

$$f(y|x) = P[Y = y|X = x] , \ f(y|z) = P[Y = y|Z = z] , \ f(x|z) = P[X = x|Z = z] ,$$

$$f(x|y,z) = P[X = x|Y = y, Z = z] ,$$

onde x, y e z representam respectivamente os valores assumidos pelas variáveis X, Y e Z.

a)

$$E[Y|X=x]=\sum_y y\,f(y|x),$$

portanto,

$$E\{E[Y|X]\}=\sum_x\sum_y y\,f(y|x)f(x)$$

$$=\sum_y y\sum_x f(x,y)$$

$$=\sum_y y\,f(y)=E[Y].$$

b) $\quad E[X|Y=y,Z=z]=\sum_x x\,f(x|y,z).$

Vindo,

$$E\{E[X|Y,Z]\,|\,Z=z\}=\sum_y\sum_x x\,f(x|y,z)f(y|z)$$

$$=\sum_x \frac{x}{f(z)}\sum_y f(x,y,z)$$

$$=\sum_x x\,f(x|z)=E[X\,|\,Z=z],$$

seguindo-se o resultado pretendido.

♦

190 | Processos estocásticos e aplicações

Como consequência da definição de martingala e atendendo às propriedades anteriormente estabelecidas, tem-se,

$$E[X_{n+1}] = E\{E[X_{n+1}|X_0,...,X_n]\}$$

$$= E[X_n],$$

vindo por indução,

$$E[X_n] = E[X_0], \quad \forall n.$$

EXEMPLOS:

1. Sejam $X_0, X_1,...$ variáveis aleatórias independentes com valor esperado nulo e tome-se $S_n = \sum_{i=0}^{n} X_i$. Então, $\{S_n, n = 0,1,2,...\}$ é uma martingala, de facto,

$$E[S_{n+1}|S_0,...,S_n] = E[S_n + X_{n+1}|S_0,...,S_n]$$

$$= E[S_n|S_0,...,S_n] + E[X_{n+1}|S_0,...,S_n]$$

$$= S_n + E[X_{n+1}]$$

$$= S_n.$$

2. Considere-se um jogo em que em cada jogada o jogador pode ganhar ou perder um euro com igual probabilidade. Após n jogadas o ganho desse jogador vem dado por,

$$S_n = \sum_{i=1}^{n} X_i,$$

em que os X_i, $i = 1, 2, \ldots$ são variáveis independentes e de valor esperado nulo,

$$X_i = \begin{cases} 1, & p = \dfrac{1}{2} \\ \\ -1, & q = \dfrac{1}{2}. \end{cases}$$

Uma vez que $E[X_i] = 0$, $\forall i$, o processo $\{S_n, n = 1, 2, \ldots\}$, tendo em conta o exemplo anterior, representa uma martingala.

3. Sejam $X_1, X_2, \ldots$ variáveis aleatórias independentes tais que $E[X_i] = 1$, $\forall i$, então $\{Z_n, n \geq 1\}$ com $Z_n = \prod_{i=1}^{n} X_i$ é uma martingala. De facto, pode escrever-se,

$$Z_{n+1} = Z_n X_{n+1},$$

vindo,

$$E[Z_{n+1} | Z_1, \ldots, Z_n] = Z_n E[X_{n+1} | Z_1, \ldots, Z_n]$$

$$= Z_n\, E[X_{n+1}] = Z_n.$$

4. Se $\{Z_n, n \geq 1\}$ é uma martingala, verifica-se que,

$$E[Z_n | Z_1, \ldots, Z_k] = Z_k, \quad 1 \leq k < n.$$

Com efeito, utilizando-se o Lema anteriormente enunciado e uma vez que $\{Z_n, n \geq 1\}$ é uma martingala, tem-se para $1 \leq k < n$,

$$E\left[Z_n \mid Z_1,...,Z_k\right] = E\left\{ E\left[Z_n \mid Z_1,...,Z_k, Z_{k+1},...,Z_{n-1}\right] \mid Z_1,...,Z_k\right\}$$

$$= E\left[Z_{n-1} \mid Z_1,...,Z_k\right].$$

Repetindo o raciocínio anterior ao valor esperado condicional $E\left[Z_{n-1} \mid Z_1,...,Z_k\right]$, chega-se,

$$E\left[Z_n \mid Z_1,...,Z_k\right] = E\left[Z_{n-2} \mid Z_1,...,Z_k\right].$$

Vindo por repetição sucessiva,

$$E\left[Z_n \mid Z_1,...,Z_k\right] = E\left[Z_k \mid Z_1,...,Z_k\right] = Z_k.$$

5. Tomem-se $Y, X_1, X_2,...$ variáveis aleatórias arbitrárias e suponha-se que $E\left[\,|Y|\,\right] < \infty$. Então o processo $\{Z_n, n = 1,2,...\}$ tal que,

$$Z_n = E\left[Y \mid X_1,...,X_n\right]$$

representa uma martingala, conhecido como **processo de Doob**. De facto, pelas propriedades do valor esperado condicional e tendo em consideração que o conhecimento dos valores $X_1, X_2,...,X_n$ determinam os valores de Z_n, tem-se,

$$E\left[Z_{n+1} \mid X_1,...,X_n\right] = E\left\{ E\left[Y \mid X_1,...,X_{n+1}\right] \mid X_1,...,X_n\right\}$$

$$= E\left[Y \mid X_1,...,X_n\right]$$

$$= Z_n.$$

Um processo $\{X_n, n = 0,1,2,...\}$ tal que $E\big[|X_n|\big] < \infty$, $\forall n$ diz--se uma **submartingala** se,

$$E\big[X_{n+1} \big| X_0,...,X_n\big] \geq X_n, \quad \forall n$$

e será uma **supermartingala** se

$$E\big[X_{n+1} \big| X_0,...,X_n\big] \leq X_n, \quad \forall n.$$

Para estes processos tem-se respectivamente,

$$E\big[X_n\big] \geq E\big[X_0\big], \quad \forall n$$

e

$$E\big[X_n\big] \leq E\big[X_0\big], \quad \forall n.$$

1.2 *Tempo de Markov*

Uma variável aleatória T diz-se um **tempo de Markov** ou um **tempo de paragem** relativamente ao processo $\{X_n, n = 0,1,2,...\}$ se T toma valores no conjunto $\{0, 1,..., \infty\}$ e se, para todo $n = 0, 1,...$, o acontecimento $\{T = n\}$ é determinado pelas variáveis $X_0, X_1,..., X_n$, ou seja, o conhecimento de $X_0, X_1,..., X_n$ indica se o acontecimento $\{T = n\}$ foi ou não realizado.

EXEMPLOS:

1. Considere-se a martingala do exemplo 2 anteriormente referido,

$$S_n = \sum_{i=1}^{n} X_i.$$

Verifica-se que $T = \min\{n : S_n = 1\}$ é um tempo de Markov. De facto, o acontecimento $\{T = n\}$ realiza-se se e somente se $X_1 + ... + X_k < 1$ para $k < n$ e $X_1 + ... + X_n = 1$.

2. Tome-se uma cadeia de Markov recorrente, $\{X_n, n = 0, 1, 2,...\}$. Como se sabe, a probabilidade de 1° retorno a um estado i em qualquer número de passos é igual a um,

$$f_{i,i} = P[T_i < \infty] = 1,$$

onde $T_i = \min\{n \geq 1 : X_n = i\}$ representa o tempo de primeiro retorno ao estado i e pode ser considerado como um tempo de Markov relativamente à cadeia de Markov em consideração.

Teorema 1: *Seja T um tempo de paragem em relação a uma martingala $\{X_n, n = 0, 1, 2,...\}$, tal que $P[T < \infty] = 1$ e $E[T] < \infty$. Suponha-se, além disso, que existe um M finito verificando a condição,*

$$E\left[\, |X_{n+1} - X_n| \,\big|\, X_0,...,X_n \,\right] < M, \quad n < T.$$

Então,

$$E[X_T] = E[X_0].$$

Teorema 2: *Seja T um tempo de paragem em relação a X_i, $i = 1, 2,...,$ variáveis IID com $E\left[\, |X_i| \,\right] < \infty$, tal que $P[T < \infty] = 1$ e $E[T] < \infty$. Então,*

$$E\left[\sum_{i=1}^{T} X_i\right] = E[T]\,\mu,$$

com $\mu = E(X_i)$, $\forall i$.

DEMONSTRAÇÃO:

Uma vez que,

$$Z_n = \sum_{i=1}^{n}(X_i - \mu)$$

é uma martingala , tem-se, caso o Teorema 1 seja aplicável,

$$E[Z_T] = E[Z_1] = 0.$$

Vindo assim, como se queria provar,

$$E[Z_T] = E\left[\sum_{i=1}^{T}X_i - T\mu\right]$$

$$= E\left[\sum_{i=1}^{T}X_i\right] - E[T]\,\mu = 0.$$

Verifique-se, então, que o Teorema 1 pode ser aplicado. De facto, tendo em conta que $Z_{n+1} - Z_n = X_{n+1} - \mu$, vem,

$$E\left[\left|Z_{n+1} - Z_n\right| \mid Z_1,...,Z_n\right] = E\left[\left|X_{n+1} - \mu\right| \mid Z_1,...,Z_n\right]$$

$$= E\left[\left|X_{n+1} - \mu\right|\right]$$

$$\leq E\left[\left|X_{n+1}\right|\right] + \mu < M < \infty, \quad n < T.$$

♦

OBSERVAÇÃO:

Não se apresenta a demonstração do Teorema 1 por sair fora do âmbito do curso, no entanto, poderá ser consultada em Karlin e Taylor (1975). O primeiro teorema é conhecido na literatura especializada como o Teorema da Paragem Opcional e o segundo estabelece uma igualdade conhecida como equação de Wald. Esta equação é válida em condições mais gerais das enunciadas, sem necessidade de se exigir que $P[T < \infty] = 1$, Ross (1996). A demonstração da equação de Wald acima exposta foi realizada no quadro da teoria das martingalas, tendo sido necessário impor que o tempo de paragem fosse finito.

EXEMPLO:

Retome-se o exemplo 1 (pág. 193) deste parágrafo com $T = \min\{n : S_n = i\}$ e as variáveis IID X_i, $i = 1, 2, \ldots$ tais que,

$$X_i = \begin{cases} 1, & p \\ -1, & q = (1-p). \end{cases}$$

Neste caso, o tempo de Markov T representa o número de jogadas a realizar até o jogador obter um ganho de i euros,

$$\sum_{i=1}^{T} X_i = i \, .$$

Aplicando o Teorema 2 e uma vez que $E[X_i] = 2p - 1$, tem-se,

$$E[T](2p - 1) = i,$$

vindo que o número médio de jogadas até se obter um ganho de i euros, caso $p \neq \dfrac{1}{2}$, é dado por,

$$E[T] = \frac{i}{2p - 1}.$$

Note-se, contudo, que se $p = \dfrac{1}{2}$, virá $E[T] = \infty$, o que significa que irão ocorrer, em média, infinitamente grandes perdas para o jogador que adopte a estratégia de terminar o jogo logo que estiver a ganhar i euros. Isto implica que o jogador terá de possuir uma fortuna infinita para que esta estratégia tenha sucesso. Caso $p > \dfrac{1}{2}$, o ganho do jogador será sempre positivo, ou seja, $S_T = i > 0$, significando, como seria de esperar, que se em cada jogada for mais provável que um resultado lhe seja favorável, é natural que o seu ganho fosse sempre positivo. Conclusão inversa resultaria na situação $p < \dfrac{1}{2}$.

Repare-se que na situação $p \neq \dfrac{1}{2}$, S_n não é uma martingala, uma vez que as variáveis X_i, $i = 1, 2, \dots$ não têm valor médio nulo. No entanto, tomando,

$$Z_n = \sum_{i=0}^{n} (X_i - \mu)$$

$$= S_n - n\mu$$

passa-se a ter uma martingala, sendo a variável T, acima definida, um tempo de Markov relativo ao processo Z_n.

198 | Processos estocásticos e aplicações

Caso $p = \dfrac{1}{2}$, S_n é uma martingala tal que $S_T \equiv i$ e tem-se,

$$E[S_T] = i \neq E[S_1] = 0,$$

o que aparentemente contradiz o Teorema 1. Contudo, como facilmente se verifica, as hipótese deste teorema não estão satisfeitas, em particular porque, como se viu, $E[T] = \infty$.

Um resultado semelhante ao do Teorema 1 pode ser estabelecido quando se está na presença de uma submartingala ou de uma supermartingala (ver demonstrações em Karlin e Taylor (1975)).

Teorema 3: *Seja T um tempo de paragem em relação a uma submartingala (ou a uma supermartingala)* $\{X_n, n = 0,1,2,...\}$, *tal que* $P[T < \infty] = 1$ *e* $E[T] < \infty$. *Suponha-se, além disso, que existe um M finito verificando a condição,*

$$E\Big[\ |X_{n+1} - X_n|\ \big|\ X_0,...,X_n\ \Big] < M, \quad n < T.$$

Então,

$$E[X_T] \geq E[X_0] \quad \text{para uma submartingala}$$

$$E[X_T] \leq E[X_0] \quad \text{para uma supermartingala.}$$

1.3 Teorema da convergência em martingalas

Neste parágrafo, vai-se estudar em que condições uma martingala converge quando n tende para infinito. O teorema seguinte estabelece essas condições e a sua demonstração pode ser consultada em Ross (1996).

Teorema 4: *Seja* $\{X_n, n = 0,1,2,...\}$ *uma martingala tal que,*

$$E\left[\,\left|X_n\right|\,\right] \le M < \infty,$$

então, existe uma variável aleatória X_∞ para a qual a martingala converge com probabilidade igual a um,

$$P\left[\,\lim_{n\to\infty} X_n = X_\infty\,\right] = 1.$$

Corolário: *Se* $\{X_n, n = 0,1,2,...\}$ *é uma martingala não negativa, então existe uma variável aleatória X_∞ para a qual a martingala converge com probabilidade igual a um.*

DEMONSTRAÇÃO:

Uma vez que X_n é não negativa, tem-se,
$$E\left[\,\left|X_n\right|\,\right] = E\left[X_n\right] = E\left[X_0\right],$$

o que prova o resultado, atendendo ao teorema 4.

◆

EXEMPLOS:

1. Considere-se novamente o jogo honesto referido no exemplo 2 (pág. 190). Relembrando,

$$S_n = \sum_{i=1}^{n} X_i,$$

em que os X_i, $i = 1, 2,...$ são variáveis independentes e de valor esperado nulo,

$$X_i = \begin{cases} 1, & p = \dfrac{1}{2} \\ \\ -1, & q = \dfrac{1}{2}. \end{cases}$$

S_n representa o ganho de um jogador após ter efectuado n jogadas "honestas" e o correspondente processo $\{S_n, n = 1, 2, ...\}$ é, como foi visto, uma martingala.

Admita-se que o jogador não dispõe de crédito, ou seja, não é permitido que o seu ganho possa ser negativo. Nesta situação, se após uma determinada jogada o seu ganho for nulo, não lhe é possível continuar a jogar, sendo forçado a abandonar o jogo.

A martingala S_n é, neste caso, não negativa e verifica a seguinte implicação,

$$S_n \neq 0 \quad \Rightarrow \quad \left| S_{n+1} - S_n \right| = 1,$$

vindo, além disso,

$$\left| S_{n+1} - S_n \right| = 0 \quad \Rightarrow \quad S_n = 0,$$

que traduz uma condição de impedimento do jogador prosseguir o jogo ($S_n = 0$), pelo facto de não dispor de crédito.

Consequentemente, definindo-se o tempo de Markov,

$$T = \min\left\{ n : S_n = S_{n+1} \right\},$$

conclui-se que este tempo representa o número de jogadas até o jogador ser forçado a deixar de jogar.

Ora, como a martingala S_n é não negativa, tem-se, pelo teorema da convergência, que o $\lim_{n\to\infty} S_n$ existe e é finito com probabilidade igual a um.

Por outro lado, tendo em conta a definição do tempo de Markov T, vem,

$$\left| S_{n+1} - S_n \right| = 1 \text{ para todo } n < T \,,$$

o que implica que,

$$P[T < \infty] = 1,$$

isto é, o tempo de Markov T terá de ser finito, caso contrário a sucessão S_n deixaria de ser uma sucessão de Cauchy e não poderia convergir, conforme tinha sido estabelecido.

Conclui-se, assim, que, com probabilidade igual a um, o jogador ao fim de um número finito de jogadas, desde que não tenha crédito, será obrigado a desistir do jogo.

2. Sejam $X_1, X_2, \ldots$ variáveis aleatórias independentes tais que,

$$X_i = \begin{cases} 2 & p = \dfrac{1}{2} \\[2ex] 0 & p = \dfrac{1}{2} \end{cases}$$

202 | Processos estocásticos e aplicações

Considere-se $\{Z_n, n \geq 1\}$ com $Z_n = \prod_{i=1}^{n} X_i$. Como $E[X_i] = 1$, o processo representa uma martingala não negativa. Então, por aplicação do corolário do Teorema 4 (pág. 199), tem-se que existe, com probabilidade igual a um, $Z_\infty = \lim_{n \to \infty} Z_n$.

Além disso, verifica-se que $E[Z_n] = E[Z_1]$. Com efeito, tendo em conta que as variáveis $\{X_i, i \geq 1\}$ são independentes, tem-se,

$$E[Z_1] = E[X_1] = 1$$

$$E[Z_n] = \prod_{i=1}^{n} E[X_i] = 1.$$

2. Análise Estocástica

2.1 Introdução

A análise das funções reais introduz, como é sabido, um vasto conjunto de conceitos, onde se destacam, em particular, os de função contínua, derivada e integral. Todos estes três conceitos apresentam um denominador comum, traduzido pelo facto de serem definidos a partir de um limite. Por exemplo, diz-se que uma função $f : \Re \to \Re$ é contínua em certo ponto $t_0 \in \Re$ se e somente se $\lim_{t \to t_0} f(t) = f(t_0)$.

Uma extensão dos três conceitos acima referidos pode ser realizada no quadro dos processos estocásticos a tempo contínuo, $\{X(t), t \in T\}$, uma vez que, como se sabe, $X(t)$ é uma função de $t \in T$. No entanto, a transposição directa destes conceitos a esta função levanta o problema de se estar perante uma função de tipo diferente, ou seja, de uma função "aleatória", dependente de $t \in T$ e de $\omega \in \Omega$, em que o conjunto Ω é constituído por todos os resultados possíveis de uma experiência aleatória. Por esta razão, ao introduzir-se aqueles conceitos, dever-se-á ter em conta o tipo de limite estocástico que se vai referir, sendo o mais frequentemente utilizado o limite em média quadrática (*mq*). Como é bem conhecido, diz-se que uma sucessão de variáveis aleatórias $\{X_n\}$, com segundos momentos finitos, **converge em média quadrática** para uma variável X, $\lim_{n \to \infty} mq \, X_n = X$, quando se tem,

$$X_n \overset{mq}{\to} X, \ n \to \infty \ \Leftrightarrow \ E\left[X_n - X\right]^2 \to 0, \ n \to \infty.$$

Tendo por base este tipo de convergência, estão criadas as condições para se realizar a designada **análise estocática** dos processos estocásticos a tempo contínuo, que será exposta sumariamente na secção que se segue.

2.2 Continuidade, diferenciabilidade e integrabilidade

Considere-se um processo estocástico a tempo contínuo $\{X(t), t \in T\}$, para o qual as respectivas variáveis aleatórias admitem a existência de segundos momentos, ou seja, $E|X(t)| < \infty$. Diz-se que o **processo é contínuo em média quadrática** em $t = t_0$ se,

$$X(t_0 + h) \overset{mq}{\to} X(t_0), \ \ h \to 0,$$

ou seja,

$$E\left[X(t_0+h)-X(t_0)\right]^2 \to 0 \quad \text{com} \quad h \to 0.$$

Caso o processo seja contínuo para todo $t \in T$, tem-se um processo contínuo.

A continuidade de um processo está relacionada com a continuidade da sua função de autocovariância, $k(s,t) = \text{cov}(X(s),X(t))$, como vem enunciado no seguinte teorema (ver Basu (2003)),

Teorema 1: *Seja* $\{X(t),t \in T\}$ *um processo estocástico a tempo contínuo tal que* $E|X(t)| < \infty$ *e* $k(s,t)$ *a sua função de autocovariância.*

a) O processo é contínuo em média quadrática para todo $t \in T$ se e só se $k(s,t)$ for uma função contínua nos pontos diagonais (t,t).

b) *Se o processo é contínuo em média quadrática para todo* $t \in T$, *então* $k(s,t)$ *é contínua nos pontos pertencentes ao quadrado* $T \times T$.

EXEMPLO:

Os processos de Wiener e de Poisson são contínuos em média quadrática para $T = \{t \geq 0\}$, de facto para o primeiro destes processos tem-se,

$$k(t,t) = \text{var}\left[X(t)\right] = \sigma^2 t$$

e para o segundo,

$$k(t,t) = \text{var}\left[X(t)\right] = vt,$$

ambas funções contínuas em T.

Um processo estocástico a tempo contínuo $\{X(t), t \in T\}$ com segundos momentos finitos tem **derivada em média quadrática** em $t \in T$, designada por $X'(t)$, se existe o seguinte limite em média quadrática,

$$\lim_{h \to 0} mq \frac{X(t+h) - X(t)}{h} = X'(t).$$

As condições de existência desta derivada em média quadrática encontram-se enunciadas no teorema que se segue (ver Basu (2003)) e um **processo diz-se diferenciável em média quadrática** se a sua derivada existe para todo $t \in T$.

Teorema 2: *Seja* $\{X(t), t \in T\}$ *um processo estocástico a tempo contínuo possuindo segundos momentos finitos, então* $X'(t)$ *existe se e só se existirem os limites,*

$$\lim_{h \to 0} \frac{E\left[X(t+h) - X(t)\right]}{h}$$

$$\lim_{h \to 0, h' \to 0} \text{cov}\left[\frac{X(t+h) - X(t)}{h}, \frac{X(t+h') - X(t)}{h'}\right].$$

Além disso, é condição suficiente para que estes últimos limites existam que se verifiquem as duas condições seguintes:

a) O valor esperado $E[X(t)]$ *seja uma função diferenciável;*

b) Exista e seja contínua a segunda derivada cruzada da função autocovariância,

$$\frac{\partial^2}{\partial s \partial t} k(s,t).$$

Verificadas as condições do teorema acabado de enunciar, é possível demonstrar que a diferenciação permuta com o operador valor esperado, isto é,

$$E[X'(t)] = \frac{d}{dt} E[X(t)]$$

$$\text{cov}[X'(s), X'(t)] = \frac{\partial^2}{\partial s \partial t} k(s,t)$$

$$\text{cov}[X'(s), X(t)] = \frac{\partial}{\partial s} k(s,t).$$

A derivação sucessiva de um processo estocástico define as derivadas de ordem superior à primeira, permitindo, deste modo, estabelecer **equações diferenciais estocásticas**, tendo-se em particular, equações do tipo,

$$a_0(t)X^{(n)}(t) + a_1(t)X^{(n-1)}(t) + \dots + a_n(t)X(t) = I(t),$$

designadas por **equações diferenciais lineares estocásticas** e que possibilitam a modelação de fenómenos aleatórios associados, por exemplo, a sistemas físicos dinâmicos, onde o processo $X(t)$ pode ser considerado como um *output* desse sistema e $I(t)$ o processo *input*.

Um **integral estocástico** pode também ser estabelecido de forma semelhante ao conceito habitual de integral e fazendo apelo à convergência em média quadrática. Desta forma, tome-se um processo estocástico a tempo contínuo $\{X(t), \ a \leq t \leq b\}$ com segundos momentos finitos e considere-se uma subdivisão do intervalo $[a,b]$,

$$a = t_0 < t_1 < \dots < t_n = b$$

e sejam ξ_k, $k = 1, \dots, n$ pontos intermédios, $t_{k-1} \leq \xi_k \leq t_k$. Defina-se a soma estocástica de Riemann,

$$S_n = \sum_{k=1}^{n} (t_k - t_{k-1}) X(\xi_k)$$

e faça-se $n \to \infty$ de tal forma que $\max_{1 \le k \le n} |t_k - t_{k-1}| \to 0$. Se S_n convergir em média quadrática para um certo limite, diz-se que este limite é o **integral de Riemann do processo** $X(t)$ no intervalo $[a,b]$ e representa-se por,

$$\int_a^b X(t)dt .$$

Neste caso, a existência do integral está assegurada pelo teorema seguinte (ver Basu (2003)).

Teorema 3: *Seja* $\{X(t), t \in T\}$ *um processo estocástico a tempo contínuo tal que* $E|X(t)| < \infty$ *e* $k(s,t)$ *a sua função de autocovariância. O processo é integrável no intervalo* $[a,b]$ *se e só se existe o integral,*

$$\int_a^b \int_a^b k(s,t) \, dsdt .$$

Nas condições do teorema anterior, pode demonstrar-se que o operador integral permuta com o de valor esperado, tendo-se,

$$E\left[\int_a^b X(t)dt\right] = \int_a^b E[X(t)]dt$$

$$\mathrm{var}\left[\int_a^b X(t)dt\right] = \int_a^b \int_a^b k(s,t) \, dsdt$$

$$E\left[\int_a^b X(s)ds \int_c^d X(t)dt\right] = \int_a^b \int_c^d E[X(s)X(t)]dsdt$$

$$\mathrm{cov}\left[\int_a^b X(s)ds \int_c^d X(t)dt\right] = \int_a^b \int_c^d k(s,t) \, dsdt.$$

Observações:

1. Faz-se notar que o integral de Rieman de um processo estocástico não deve ser confundido com o integral de uma trajectória do processo, de facto, a função integranda é aleatória, dependo dos conjuntos T e Ω, resultando o valor do integral numa variável aleatória.

2. Do mesmo modo que foi possível definir o integral de Rieman de um processo estocástico, pode generalizar-se ainda mais o conceito de integral estocástico, definindo os integrais de Lebesgue e de Stieltjes sobre os processos estocásticos. Todavia, não serão desenvolvidos estes conceitos por estarem fora dos objectivos do presente texto.

Exemplo:

Admita-se que se observou um processo $\{X(t), t \geq 0\}$ de uma forma contínua sobre o intervalo $0 \leq t \leq T$, pode-se, então, considerar a correspondente média amostral,

$$M_T = \frac{1}{T} \int_0^T X(t)dt.$$

Nestas condições, tem-se,

$$E[M_T] = \frac{1}{T} \int_0^T E[X(t)]dt$$

$$\mathrm{var}[M_T] = \frac{1}{T^2} \int_0^T \int_0^T k(s,t)dtds.$$

Tomando o caso particular de um processo de Poisson de intensidade ν e fazendo,

$$M_T^* = \frac{1}{T^2} \int_0^T X(t)dt \, ,$$

conclui-se que este estimador é tal que,

$$E\left[M_T^*\right] = \frac{1}{T^2} \int_0^T \nu t \, dt = \frac{\nu}{2}$$

$$\operatorname{var}\left[M_T^*\right] = \frac{1}{T^4} \int_0^T \int_0^T \min(s,t) \, dtds = \frac{\nu}{3T} \to 0, \ T \to \infty \, ,$$

o que significa que se está perante um estimador consistente em média quadrática para o parâmetro $\nu/2$.

3. Processos lineares e não lineares

3.1 Introdução

Certos fenómenos aleatórios que evoluem ao longo do tempo são caracterizados pelo facto dos seus valores em diferentes instantes serem correlacionados. Em termos probabilísticos isto significa que tais fenómenos podem ser descritos por um processo estocástico $\{X_t, t = 0, 1, 2, \ldots\}$ tal que, para cada instante t, a variável aleatória X_t será correlacionada com as variáveis aleatórias passadas e futuras, relativamente a esse instante, ou seja, com as variáveis X_{t-1}, X_{t-2}, X_{t-3}..., e X_{t+1}, X_{t+2}, X_{t+3}.... Nestas condições, a modelação de tais fenómenos passa pela procura de uma relação entre as variáveis ..., X_{t-2}, X_{t-1}, X_t, X_{t+1}, X_{t-2},... que produza um ruído branco independente, isto é, uma relação $h(.)$ que explique as propriedades de

210 | Processos estocásticos e aplicações

autocorrelação das variáveis, reduzindo-a a um processo sem memória,

$$h(...,X_{t-2},X_{t-1},X_t,X_{t+1},X_{t+2},...) = e_t,$$

onde $\{e_t\}$ representa uma sucessão de variáveis IID.

Em certas situações, é possível "resolver" a equação anterior de tal forma que X_t surge como função de ..., e_{t-2}, e_{t-1}, e_t, e_{t+1}, e_{t+2},..., permitindo, deste modo, escrever o processo com uma configuração alternativa.

3.2 *Representação linear dos processos estacionários*

Tal como foi enunciado, o problema da modelação de um fenómeno com as características anteriormente referidas torna a sua resolução impossível no quadro das aplicações práticas. Na verdade, quando se observam tais fenómenos, dispõe-se apenas de um número finito de registos desse fenómeno, ou seja, uma sucessão cronológica, não sendo, por isso, possível encontrar uma forma específica para a função $h(.)$ entre a classe de todas as funções.

Uma maneira de tornear esta dificuldade reside na redução da escala deste problema, considerando apenas a classe das funções lineares. Os processos estocásticos $\{X_t, t = 0,1,2,...\}$ onde a relação entre as suas variáveis se encontra restrita a estas funções designam-se por **processos lineares** e são definidos do seguinte modo,

$$\sum_{u=-\infty}^{\infty} h_u X_{t-u} = e_t,$$

onde $\{h_u\}$ constitui uma sucessão de constantes e $\{e_t\}$ representa um ruído branco independente.

Esta última equação traduz a definição de um processo

linear na sua forma mais geral. No entanto, de um ponto de vista prático, é usual considerar que X_t depende apenas dos seus valores passados e estabelece-se que $h_u = 0$, $u < 0$, evitando, deste modo, a existência de uma estrutura "antecipativa" na descrição do processo. Nestas condições o **processo linear geral** toma a forma,

$$\sum_{u=0}^{\infty} h_u X_{t-u} = e_t ,$$

ou seja, escrito numa forma compactada através da utilização do operador atraso B ($BX_t = X_{t-1}$) vem,

$$H(B)X_t = e_t , \quad H(B) = \sum_{u=0}^{\infty} h_u B^u .$$

Admitindo que $H(B)$ não apresenta zeros dentro e sobre o círculo unitário, demonstra-se que a equação anterior pode inverter-se, obtendo-se,

$$X_t = \sum_{u=0}^{\infty} g_u e_{t-u} ,$$

ou equivalentemente,

$$X_t = G(B)e_t , \quad G(B) = \sum_{u=0}^{\infty} g_u B^u .$$

Esta equação representa a formulação alternativa ao processo linear geral não antecipativo, no qual X_t é expresso como uma combinação linear infinita dos valores presente e passados de um ruído branco independente $\{e_t\}$.

A formulação deste processo levanta, também, o problema

212 | Processos estocásticos e aplicações

prático insolúvel, de estimar um número infinito de parâmetros g_u a partir da informação fornecida pelo número limitado de observações, constituído por uma sucessão cronológica. A resposta a esta dificuldade leva ao estabelecimento dos **processos lineares finitos**, que se encontram representados na classe genérica dos processos ARMA, onde o operador $G(B)$ é definido através de uma função racional envolvendo um número finito de parâmetros,

$$G(B) = \frac{1 - \theta_1 B - ... - \theta_q B^q}{1 - \phi_1 B - ... - \phi_p B^p} = \frac{\theta(B)}{\phi(B)} .$$

Nestas circuntâncias, define-se um **processo misto ARMA(p,q)**, processo misto autoregressivo e de médias móveis de ordens p e q, a partir da equação,

$$\phi(B)X_t = \theta(B)e_t ,$$

equivalente à seguinte equação às diferenças finitas,

$$X_t = \phi_1 X_{t-1} + ... + \phi_p X_{t-p} + e_t - \theta_1 e_{t-1} - ... - \theta_q e_{t-q} ,$$

onde os operadores $\phi(B)$ e $\theta(B)$ designam, respectivamente, os operadores autoregressivos e médias móveis, que se admite não conterem factores comuns e $\theta_q \neq 0$ e $\phi_p \neq 0$.

EXEMPLO:

Tomando $q = 0$, obtém-se a classe dos processos **autoregressivos de ordem** p, AR(p), vindo, em particular, o processo AR(1),

$$X_t = \phi X_{t-1} + e_t ,$$

que se prova ser um processo estacionário de $2^{\underline{a}}$ ordem desde que $|\phi| < 1$. Além disso, estando presente esta última condição, o processo admite a representação,

$$X_t = \sum_{j=0}^{\infty} \phi^j e_{t-j} \ .$$

Considere-se um processo estacionário $\{X_t\}$, então se o **espectro**[*], $h(\omega)$, existir, ou seja, se o processo tem um **espectro absolutamente contínuo**, pode provar-se (Priestley (1981)) que admite a seguinte **representação linear** em termos do passado, do presente e do futuro de um processo não correlacionado $\{\varepsilon_t\}$,

$$X_t = \sum_{k=-\infty}^{\infty} \psi_k \varepsilon_{t-k} \ .$$

Contudo, impondo-se a $h(\omega)$ a condição,

$$\int_{-\pi}^{\pi} \log h(\omega) d\omega > -\infty \ , \tag{1}$$

o processo $\{X_t\}$ pode ser representado como uma combinação linear apenas do presente e do passado de um processo não correlacionado $\{\varepsilon_t\}$, ou seja,

$$X_t = \sum_{k=0}^{\infty} \varphi_k \varepsilon_{t-k} \tag{2}$$

OBSERVAÇÕES:

[*] O espectro ou densidade espectral de um processo estocástico estacionário $\{X_t, t = 0, 1, 2, \dots\}$ pode definir-se como a transformada de Fourier discreta da função autocovariância,

$$h(\omega) = \frac{1}{2\pi} \sum_{k=-\infty}^{+\infty} \gamma_k e^{-i\omega k}, \quad -\pi \leq \omega \leq \pi$$

214 | Processos estocásticos e aplicações

1. A condição (1) traduz que o integral não pode divergir para $-\infty$, uma vez que para $+\infty$ nunca diverge. Com efeito,

$$\log h(\omega) \le h(\omega), \forall \omega \Rightarrow \int_{-\pi}^{\pi} \log h(\omega)d\omega \le \int_{-\pi}^{\pi} h(\omega)d\omega = \gamma_0 = \mathrm{var}(X_t) < \infty.$$

2. Dizer que o processo admite uma representação linear não significa que possa ser representado por um modelo linear. Com efeito, no primeiro caso é representado em termos de um ruído branco e no segundo em termos de um ruído branco independente. No entanto, se o ruído branco for gaussiano as duas representações coincidem.

3. Se $\{X_t\}$ é um processo gaussiano estacionário admitindo uma representação do tipo (2) invertível, então os ε_t são também gaussianos, e sendo não correlacionados serão independentes. Neste caso, pode-se concluir que $\{X_t\}$ é descrito por um processo linear.

Os modelos ARMA gaussianos são representados através de uma equação às diferenças linear em que se supõe que o ruído branco é gaussiano. Esta formulação permite desenvolver de uma forma simples e elegante os aspectos teóricos associados às diferentes etapas de análise de uma sucessão cronológica e têm tido um sucesso razoável ao nível prático na sua descrição e previsão. Além disso, dispõe-se, hoje em dia, de *software* diversificado que permite obter, sem grande dificuldade, modelos ARMA parcimoniosos para as sucessões em estudo. A Teoria das Sucessões Cronológicas constitui um ramo particular da estatística dos processos estocásticos, onde os processos lineares desempenham papel relevante, em especial os processos ARMA que foram inicialmente estudados e desenvolvidos por Box e

Jenkins em 1970. Existe actualmente uma vasta bibliografia respeitante a esta teoria onde o leitor poderá encontrar os seus fundamentos e as metodologias apropriadas, destacando-se, entre outras, as obras de Box et al. (1976), Brockwell et al. (1987), Murteira et al. (1993), Priestley (1981) e Wei (1990).

3.3 Processos não lineares

Um **processo não linear antecipativo** pode ser descrito na sua forma mais geral do modo seguinte,

$$h(X_t, X_{t-1}, X_{t-2}, \ldots) = e_t,$$

em que $\{e_t\}$ representa um ruído branco independente e h é uma função não linear.

Supondo a função h "invertível", a equação anterior pode ser resolvida, obtendo-se um processo equivalente,

$$X_t = h_1(e_t, e_{t-1}, e_{t-2}, \ldots).$$

Nesta formulação, admitindo que h_1 é uma função suficientemente "bem comportada", a expansão em série de Taylor permite escrever,

$$X_t = \mu + \sum_{u=0}^{\infty} g_u e_{t-u} + \sum_{u=0}^{\infty}\sum_{v=0}^{\infty} g_{uv} e_{t-u} e_{t-v} +$$

$$+ \sum_{u=0}^{\infty}\sum_{v=0}^{\infty}\sum_{w=0}^{\infty} g_{uvw} e_{t-u} e_{t-v} e_{t-w} + \ldots,$$

em que os parâmetros g representam derivadas de h_1.

Esta expansão é conhecida como **série de Volterra** e permite representar uma classe importante de processos não lineares. Como se pode notar, o segundo termo desta representação é idêntico a um processo linear.

A utilização prática desta formulação levanta o problema da estimação de um número infinito de parâmetros a partir da informação fornecida por um número limitado de observações, existindo, por isso, classes particulares de processos não lineares dependentes de um número finito de parâmetros. Para estudos aprofundados sobre este assunto, pode consultar-se as obras de Gouriéroux (1997), Priestley (1988), Rao et al. (1984) e Tong (1990).

EXEMPLOS:

1. Os **processos bilineares** BL(p,q,m,k) são processos não lineares definidos pela equação,

$$X_t + \sum_{i=1}^{p} a_i X_{t-i} = \alpha + \sum_{i=0}^{q} c_i e_{t-i} + \sum_{i=1}^{m}\sum_{j=1}^{k} b_{ij} X_{t-i} e_{t-j},$$

onde $\{e_t\}$ é um ruído branco independente e $c_0 = 1$, tendo-se, em particular, o processo BL(1,0,2,1),

$$X_t = 0.8 X_{t-1} - 0.4 X_{t-2} + 0.6 X_{t-1} e_{t-1} + 0.7 X_{t-2} e_{t-1} + e_t,$$

com uma trajectória simulada, representada pelo gráfico que se segue.

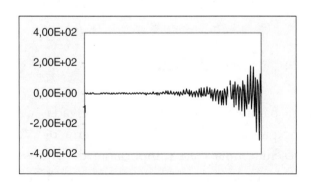

2. Um processo $\{X_t\}$ diz-se um processo de **heterocedasticidade condicional autoregressiva de ordem q, ARCH(q)**, se,

$$X_t = \varepsilon_t.(\alpha_0 + \alpha_1 X_{t-1}^2 + ... + \alpha_q X_{t-q}^2)^{1/2},$$

onde ε_t são variáveis aleatórias IID de valor médio nulo e variância unitária, e os parâmetros são tais que, $\alpha_0 > 0$ e $\alpha_i \geq 0$ $i = 1, 2, ..., q$. Segue-se um exemplo de um processo ARCH(2) e a simulação de uma sua trajectória,

$$X_t = \varepsilon_t.(0.05 + 0.6 Y_{t-1}^2 + 0.3 Y_{t-2}^2)^{1/2}$$

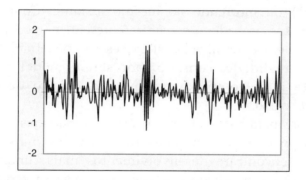

4. Processos de ramificação: processo de Galton-Watson

1.1 Introdução

O processo estocástico que se vai estudar neste ponto teve a sua origem nos trabalhos de Galton-Watson (1874), sobre a formulação de um modelo matemático para tratar o problema da extinção dos nomes de família. Mais tarde, por volta de 1920, este modelo foi retomado e generalizado, tendo o seu

218 | Processos estocásticos e aplicações

campo de aplicações sido estendido à área da Biologia, para estudar o desenvolvimento de um gene, e da Física, no estudo do desenvolvimento de uma reacção nuclear. Trata-se de um modelo que, como será visto, permite estudar uma população constituída por elementos com capacidade reprodutiva, levando-a ao seu desenvolvimento ao longo do tempo.

O **processo de Galton-Watson** é o que traduz o modelo mais simplificado entre a família dos **processos de ramificação**, a qual compreende, em particular, o processo de Galton--Watson com migração que contempla a possibilidade de durante o desenvolvimento do processo poderem surgir ou desaparecer elementos com capacidade reprodutiva e os processos de ramificação a tempo contínuo, onde os elementos de uma população têm tempos de vida diferentes, aleatórios, não nascendo ou morrendo no mesmo instante. Como é natural, os processos acabados de referir representam modelos matemáticos que em determinadas situações se encontram mais próximos da realidade, contudo, por serem modelos matematicamente mais complexos, não serão objecto de estudo no presente curso.

Neste parágrafo vai apresentar-se sumariamente o processo de Galton-Watson e as suas propriedades mais relevantes. O leitor encontrará desenvolvimentos mais completos sobre este processo em diversas obras, das quais se destacam, Basu (2003), Harris (1963), Karlin e Taylor (1975), Müller (1985) e Parzen (1999).

4.2 *Processo de Galton-Watson: definição e propriedades*

Considere-se uma sucessão de variáveis aleatórias IID, assumindo valores no conjunto dos números inteiros não negativos, $\left\{ \xi_k, k = 1, 2, \ldots \right\}$ e designe-se,

$$p_k = P\left[\xi_i = k \right] \geq 0, \ \forall i \ \text{com} \ \sum_{k=0}^{\infty} p_k = 1.$$

Um processo estocástico $\{X_n, n = 0, 1, 2, ...\}$ tal que,

$$X_0 = x_0$$

$$X_{n+1} = \sum_{k=1}^{X_n} \xi_k, \quad n = 0, 1, 2, ... \ .$$

diz-se um **processo de Galton-Watson** de estado inicial x_0 e **lei de reprodução** $\{p_k, k = 0, 1, 2, ...\}$. Este processo representa uma cadeia de Markov homogénea a tempo discreto com probabilidade de transição,

$$p_{i,j} = P\left[X_{n+1} = j \mid X_n = i\right]$$

$$= P\left[\xi_1 + ... + \xi_i = j\right] = \sum_{k_1 + ... + k_i = j} p_{k_1} \times ... \times p_{k_i} \ .$$

O modelo matemático definido por este processo pode ter a interpretação que se segue. Parte-se de um conjunto de indivíduos (geração zero) e supõe-se que cada um deles, independentemente de todos os outros, pode dar origem a um número aleatório de indivíduos da mesma natureza, de acordo com a lei de probabilidade $\{p_k, k = 0, 1, 2, ...\}$. Os descendentes da geração zero constituem a primeira geração e assim sucessivamente. Nestas condições, x_0 representa a dimensão, número de elementos, da geração zero, X_1 a dimensão da primeira geração, etc. O diagrama seguinte ilustra o desenvolvimento de um processo deste tipo, justificando o nome da classe a que pertence, os processos de ramificação,

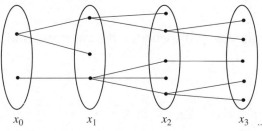

OBSERVAÇÕES:

1. A fim de evitar situações triviais, supõe-se que $p_0 + p_1 < 1$ e que $p_k < 1$, $\forall k$. A primeira condição indica que cada indivíduo tem a possibilidade de ter mais do que um descendente e a segunda impede que os indivíduos possam ter sempre o mesmo número de descendentes.

2. Vai-se admitir a existência do valor esperado e da variância das variáveis $\{\xi_k, k = 1, 2, ...\}$, que se designam respectivamente por **reprodução média** e **variância da reprodução**,

$$m = E\left[\xi_k\right] < \infty \quad \text{e} \quad \sigma^2 = \text{var}\left[\xi_k\right] < \infty, \quad \forall k .$$

Admita-se que a geração zero é composta por um elemento, $x_0 = 1$ e represente-se por $\Psi_n(z)$ e $\Psi(z)$ as funções geradoras de probabilidades de X_n e X_1 respectivamente,

$$\Psi_n(z) = \sum_{k=0}^{\infty} z^k P\left[X_n = k\right] \quad \text{e} \quad \Psi(z) = \sum_{k=0}^{\infty} z^k P\left[X_1 = k\right], \quad |z| < 1.$$

Teorema 1: *As funções geradoras acima definidas satisfazem as relações:*

a) $\Psi_n(z) = \Psi_{n-1}\left[\Psi(z)\right].$

b) $\Psi_n(z) = \Psi\left[\Psi_{n-1}(z)\right].$

DEMONSTRAÇÃO:

a) A partir das propriedades do valor esperado condicional tem-se,

$$\Psi_n(z) = E\left[z^{X_n}\right]$$

$$= E\left\{E\left[z^{X_n}\big|X_{n-1}\right]\right\}$$

$$= \sum_{n=0}^{\infty} E\left[z^{\xi_1+\dots+\xi_n}\big|X_{n-1}=n\right]P\left[X_{n-1}=n\right]$$

$$= \sum_{n=0}^{\infty} \left[\Psi(z)\right]^n P\left[X_{n-1}=n\right]$$

$$= E\left\{\left[\Psi(z)\right]^{X_{n-1}}\right\} = \Psi_{n-1}\left[\Psi(z)\right].$$

b) Tendo em conta a alínea anterior, pode escrever-se,

$$\Psi_n(z) = \Psi_{n-1}\left[\Psi(z)\right] = \Psi_{n-2}\left[\Psi[\Psi(z)]\right] = \Psi_{n-2}\left[\Psi_2(z)\right],$$

concluindo-se por indução o resultado pretendido.

$\blacklozenge$

Como consequência imediata deste teorema pode-se estabelecer o corolário seguinte.

Corolário:

$$\Psi_n = \Psi \circ \dots \circ \Psi \quad (n \text{ vezes}).$$

Teorema 2: *Num processo de Galton-Watson com estado inicial* $x_0 = 1$ *tem-se:*

a) $E\left[X_n\right] = m^n$.

b)

$$\mathrm{var}\left[X_n\right]=\begin{cases}\sigma^2 m^{n-1}\dfrac{m^n-1}{m-1}, & m\neq 1\\[3mm] n\sigma^2, & m=1\ .\end{cases}$$

DEMONSTRAÇÃO:

a) Derivando a igualdade $\Psi_n(z)=\Psi_{n-1}\left[\Psi(z)\right]$ (teorema 1) vem,

$$\Psi'(1)=E\left[X_n\right]=\Psi'_{n-1}\left[\Psi(1)\right]\Psi'(1)\ .$$

Mas,

$$\Psi(1)=\sum_{k=0}^{\infty}p_k=1\quad\text{e}\quad\Psi'(1)=m\ .$$

Então, por substituições sucessivas, chegava-se,

$$E\left[X_n\right]=E\left[X_{n-1}\right]m=\ldots=m^n\ .$$

b) Derivando duas vezes a igualdade $\Psi_n(z)=\Psi_{n-1}\left[\Psi(z)\right]$ e fazendo $A=\Psi''(1)$, tem-se por substituições sucessivas,

$$\Psi''_n(1)=m\Psi''_{n-1}(1)+Am^{2(n-1)}$$

$$=m^{n-1}A+m^n A+\ldots+Am^{2(n-1)}$$

$$=m^{n-1}A\dfrac{m^n-1}{m-1},\quad m\neq 1\ .$$

Tendo em conta que $A = \Psi''(1) = \sigma^2 - m + m^2$, vem,

$$\text{var}\left[X_n\right] = \Psi''_n(1) + \Psi'_n(1) - \left[\Psi'_n(1)\right]^2$$

$$= \sigma^2 m^{n-1} \frac{m^n - 1}{m - 1}, \quad m \neq 1.$$

Tomando $m = 1$,

$$\Psi''_n(1) = \Psi''_{n-1}(1) + A = nA \Rightarrow \text{var}\left[X_n\right] = n\sigma^2.$$

◆

Corolário: *Se* $X_0 = x_0$, *então,* $E\left[X_n\right] = x_0 m^n$.

Da definição de um processo de Galton-Watson resulta que há sempre a possibilidade de que a partir de uma certa geração o processo se extinga. Deste modo, há interesse em considerar o acontecimento **extinção**, E, definido por,

$$E = \bigcup_{n-1}^{\infty} \bigcap_{k=n}^{\infty} \{X_k = 0\} = \{X_n \to 0\}.$$

Uma vez que a seguinte implicação é verificada,
$$X_k = 0 \Rightarrow X_n = 0, \quad \forall n > k,$$

a extinção vem dada por,

$$E = \bigcup_{k=1}^{\infty} \{X_k = 0\}.$$

A probabilidade do acontecimento E chama-se **probabilidade de extinção** e representa-se,

$$q = P[E] = P\left[X_n \to 0\right].$$

Fazendo apelo ao axioma da continuidade, conclui-se,

$$q = \lim_{n \to \infty} \Psi_n(0).$$

Os teoremas que se seguem (Harris (1963), Basu (2003)), estabelecem as condições de extinção ou de explosão de uma população que se desenvolva de acordo com um processo de Galton-Watson.

Teorema 3: *A probabilidade de extinção é a menor raiz positiva da equação* $\Psi(z) = z$, $0 < z \leq 1$.

Teorema 4: *a)* $m > 1$ *se e só se a equação* $\Psi(z) = z$ *tem uma raiz real em* $0 < z < 1$, *neste caso, a população extingue-se com probabilidade* q *e explode com probabilidade e* $1 - q$.

b) $m \leq 1$ *se e só se a equação* $\Psi(z) = z$ *tem no intervalo* $0 < z \leq 1$ *apenas a raiz* $z = 1$, *vindo, nesta situação, a probabilidade de extinção igual a um.*

Um processo de **Galton-Watson** diz-se **crítico** se $m < 1$, tendo-se neste caso $\operatorname{var}\left[X_n\right] \to 0$, $n \to \infty$. Será **supercrítico** se $m > 1$ e **subcrítico** se $m = 1$, vindo nestas duas últimas situações $\operatorname{var}\left[X_n\right] \to \infty$, $n \to \infty$.

OBSERVAÇÃO:

Os teoremas anteriores permitem concluir que um processo de Galton-Watson tenderá para zero ou para infinito, não se podendo manter sempre num estado positivo e limitado, ou seja, a respectiva população nunca se poderá estabilizar.

Tópicos diversos | 225

EXEMPLO:

Admita que a lei de probabilidade da reprodução é geométrica,

$$p_k = p(1-p)^k, \quad k = 0, 1, 2, \ldots,$$

o que implica que a reprodução média vem $m = \dfrac{1-p}{p}$ e a função geradora de probabilidades $\Psi(z) = \dfrac{p}{1-(1-p)z}$. Nesta situação, a equação,

$$\frac{p}{1-(1-p)z} = z,$$

conduz às soluções $z = 1$ e $z = \dfrac{p}{1-p}$. Conclui-se, deste modo, que se $m > 1$ a probabilidade de extinção virá, $q = \dfrac{p}{1-p} < 1$ e se $m < 1$, então, $q = 1$, dando-se a extinção necessariamente.

Resolução dos exercícios

Capítulo 1

❶ Tendo em conta que,

$$\sum_{k=1}^{n} u_k X(t_k) = \left(u_1 + \ldots + u_n\right) X(t_1) + \sum_{k=2}^{n} \left(u_k + \ldots + u_n\right)\left(X(t_k) - X(t_{k-1})\right),$$

segue de imediato, uma vez que o processo é de incrementos independentes,

$$\varphi_{X(t_1),\ldots,X(t_n)}\left(u_1,\ldots,u_n\right) = E\left[\exp\left(i\sum_{k=1}^{n} u_k X(t_k))\right)\right]$$

$$= \varphi_{X(t_1)}\left(u_1 + \ldots + u_n\right)\prod_{k=2}^{n}\varphi_{X(t_k)-X(t_{k-1})}\left(u_k + \ldots + u_n\right).$$

❷ Tomando os instantes quaisquer $0 < t_1 < t_2 < \ldots < t_k < t \in T$, é equivalente escrever,

$$P\left[a < X(t) \leq b \,\middle|\, X(t_1) = x_1, \ldots, X(t_k) = x_k\right] =$$

$$= P\left[a - x_k < X(t) - X(t_k) \leq b - x_k \,\middle|\, X(t_1) = x_1, \ldots, X(t_k) = x_k\right].$$

Tem-se também,

$$P\left[a - x_k < X(t) - X(t_k) \leq b - x_k \,\middle|\, X(t_1) = x_1, \ldots, X(t_k) = x_k \right] =$$

$$= P\left[a - x_k < X(t) - X(t_k) \leq b - x_k \,\middle|\, X(t_1) = x_1, X(t_2) - X(t_1) = \right.$$

$$= x_2 - x_1, \ldots, X(t_k) - X(t_{k-1}) = x_k - x_{k-1} \right],$$

uma vez que os acontecimentos condicionantes são equivalentes.

Como o processo é de incrementos independentes, a conjugação das duas igualdades anteriores implica,

$$P\left[a < X(t) \leq b \,\middle|\, X(t_1) = x_1, \ldots, X(t_k) = x_k \right] =$$

$$= P\left[a - x_k < X(t) - X(t_k) \leq b - x_k \right].$$

Aplicando de novo esta propriedade para os instantes $0 < t_k < t$, conclui-se que se está perante um processo de Markov,

$$P\left[a < X(t) \leq b \,\middle|\, X(t_1) = x_1, \ldots, X(t_k) = x_k \right] =$$

$$= P\left[a - x_k < X(t) - X(t_k) \leq b - x_k \,\middle|\, X(t_k) = x_k \right]$$

$$= P\left[a < X(t) \leq b \,\middle|\, X(t_k) = x_k \right].$$

❸ O processo $\{\varepsilon_n\}$ é IID tal que $E\left[\varepsilon_n\right] = 0$, vem,

$$\gamma(0) = \mathrm{var}\left[X_n\right] = (1 + \theta^2)\sigma_\varepsilon^2$$

$$\gamma(1) = \mathrm{E}\left[X_n X_{n+1}\right] = -\theta E\left[\varepsilon_n^2\right] = -\theta\sigma_\varepsilon^2$$

$$\gamma(h) = 0, \quad h \geq 2.$$

❹ Como $0 < t < t + s$, tem-se pelas propriedades do processo de Poisson,

$$E[N(t)N(t+s)] = \text{cov}(N(t), N(t+s)) + E[N(t)]E[N(t+s)]$$

$$= vt + vtv(t+s) = vt + v^2t^2 + v^2ts$$

❺ $\{N(t)\}$ é um processo de Poisson tal que $E[N(1)] = 4$, isto é, $N(t) \sim P_0(\lambda = 4t)$.

a) $E[N(2)] = 8$, vindo pela tabela, $P[N(2) = 6] = 0.1221$.

b) $P[N(2) > 6] = 0.6866$.

c) $E[N(5)] = 4 \times 5 = 20$.

d) $P[N(1) > 4] = 0.3712$.

❻ Tem-se que,

$$E\left[\frac{X(t)}{t}\right] = v$$

Portanto o estimador é consistente, isto é, $\dfrac{X(t)}{t} \overset{mq}{\to} v$. De facto,

$$E\left[\frac{X(t)}{t} - v\right]^2 = \text{var}(\frac{X(t)}{t})$$

$$= \frac{v}{t} \to 0, \quad t \to \infty.$$

230 | Processos estocásticos e aplicações

Capítulo 2

❶ Tal como na demonstração do Teorema 1, uma vez que o processo tem incrementos independentes e estacionários, a função geradora de probabilidades satisfaz a equação diferencial,

$$\frac{\partial}{\partial t}\Psi(z,t) = \Psi(z,t)\lim_{h\to 0}\frac{1}{h}\{\Psi(z,h)-1\}.$$

Mas,

$$\Psi(z,h) = P[N(h)=0] + \sum_{n=1}^{\infty} z^n P[N(h)=n]$$

$$= P[N(h)=0] + P[N(h)\geq 1]\sum_{n=1}^{\infty} z^n P\Big[N(h)=n\big|N(h)\geq 1\Big].$$

Pelo $1^{\underline{o}}$ limite do Lema 2 (axiomas A1 e A4), tem-se,

$$P[N(h)=0] = e^{-vh} \Rightarrow \lim_{h\to 0}\frac{1}{h}\{P[N(h)=0]-1\} = -v$$

$$e \lim_{h\to 0}\frac{1}{h}P[N(h)\geq 1] = v.$$

Por outro lado, tendo em conta o axioma A'3, o teorema da convergência dominada e o facto do processo ser de incrementos estacionários, tem-se para $|z|<1$,

$$\lim_{h\to 0}\sum_{n=1}^{\infty} z^n P\Big[N(h)=n\big|N(h)\geq 1\Big] = \sum_{n=1}^{\infty} z^n p_n = \Psi(z).$$

Conclui-se, assim, que a função geradora de probabilidades satisfaz a equação diferencial,

$$\frac{\partial}{\partial t}\Psi(z,t) = \Psi(z,t)v[\Psi(z)-1], \quad |z|<1,$$

vindo a solução pretendida.

❷ A função geradora de probabilidades, existindo, é definida e dada, neste caso, por,

$$\Psi(z) = E\left[z^X\right] = \sum_{k=0}^{\infty} z^k p_k = p_0 + zp_1 + z^2 p_2 + \dots.$$

A função geradora de momentos vem,

$$M(z) = E\left[e^{zX}\right] = \sum_{k=0}^{\infty} e^{zk} p_k = p_0 + e^z p_1 + e^{2z} p_2 + \dots.$$

A primeira função gera as probabilidades,

$$p_0 = \Psi(0)$$

$$p_k = \frac{\left.\dfrac{\partial^k \Psi(z)}{\partial z^k}\right|_{z=0}}{k!}, \quad k \geq 1,$$

e a segunda gera os momentos da variável aleatória,

$$E\left[X^k\right] = \frac{\left.\dfrac{\partial^k M(z)}{\partial z^k}\right|_{z=0}}{k!}, \quad k \geq 1.$$

232 | Processos estocásticos e aplicações

A relação existente entre estas duas funções é a que se segue,

$$M(z) = \Psi(e^z).$$

❸ a) $\{N(t), t \geq 0\}$ é um processo de Poisson não homogéneo, uma vez que a intensidade não é constante, é função de t, $v(t) = 100 - t, \ 0 \leq t \leq 100$.

Neste caso,

$$m(t) = \int_0^t (100 - s)ds = 100t - \frac{t^2}{2},$$

vindo,

$$\Psi(z,t) = e^{(100t - \frac{t^2}{2})(z-1)}, |z| < 1$$

b) $E\left[N(\frac{1}{4})\right] = m(\frac{1}{4}) = 25 - \frac{1}{32} = 24.96 \approx 25.$

c) $p_0 = P\left[N(\frac{1}{60}) = 0\right] = \Psi(0, \frac{1}{60}) = e^{\frac{1}{7200} - \frac{100}{60}} = 0.1889$

❹ a) $\{N(t), t \geq 0\}$ é um processo de Poisson generalizado, em cada instante podem ocorrer mais do que uma mensagem, mais precisamente, 1, 2 ou 3. Verifica-se intuitivamente que os axiomas A1, A2 e A4 estão presentes.

A intensidade deste processo vem,

$$v = -\ln\left[P[N(1) = 0]\right] = -\ln 0.05 = 2.995 \approx 3,$$

vindo a função geradora de probabilidades,

$$\Psi(z,t) = e^{3t(\frac{z}{2} + \frac{z^2}{3} + \frac{z^3}{6} - 1)}, |z| < 1.$$

b) Sabe-se que,

$$E[N(t)] = vt \sum_{k=1}^{\infty} kp_k.$$

Então,

$$E[N(1)] = 3\left(\frac{1}{2} + \frac{2}{3} + \frac{3}{6}\right) = 5.$$

c) Num processo de Poisson generalizado tem-se,

$$\Psi'(0,t) = P[N(t) = 1] = e^{-vt} vtp_1.$$

Tem-se assim, neste caso,

$$P[N(1) = 1] = \frac{3}{2}e^{-3} = 0.074681.$$

❺ $\{N(t), t \geq 0\}$ é um processo de Poisson tal que $v = E[N(1)] = 6$. Seja Y a variável aleatória ganho por assinatura,

$$Y = \begin{cases} 5 & 10 & 15 \\ \dfrac{1}{2} & \dfrac{1}{3} & \dfrac{1}{6} \end{cases}$$

Representando por $\{X(t), t \geq 0\}$ o processo que dá o montante das comissões obtidas até ao instante *t*, tem-se que este processo é de Poisson composto,

$$X(t) = \sum_{n=1}^{N(t)} Y_n$$

234 | Processos estocásticos e aplicações

com Y_n IID com Y.

a) $E[X(t)] = vtE[Y] = 6t(\frac{5}{2} + \frac{10}{3} + \frac{15}{6}) = 50t.$

b) $\text{var}[X(t)] = vtE[Y^2] = 6t(\frac{25}{2} + \frac{100}{3} + \frac{225}{6}) = 500t.$

c) $P[X(t) = 0] = P[N(t) = 0] = e^{-6t}.$

d) $\Phi_{X(t)}(u) = e^{6t\{\Phi_Y(u)-1\}}$

com $\Phi_Y(u) = E[e^{iuY}] = \frac{e^{5iu}}{2} + \frac{e^{10iu}}{3} + \frac{e^{15iu}}{6}.$

❻ *a*) Admita-se que T é exponencial de parâmetro μ, então a função de distribuição vem, $F(x) = 1 - e^{-\mu x}$. Portanto,

$$P[T > x + y | T > x] = \frac{P[T > x + y]}{P[T > x]} = e^{-\mu y} = P[T > y],$$

T é sem memória.

Veja-se a implicação contrária, supondo agora que $P[T > x + y | T > x] = P[T > Y]$. Vem,

$$P[T > x + y] = P[T > x] P[T > y].$$

Fazendo, $g(x) = P[T > x]$, a igualdade anterior é equivalente,

$$g(x + y) = g(x)g(y),$$

que traduz uma equação funcional, cuja solução é $P[T > x] \equiv 0, \forall x$ (não pode suceder, porque esta probabilidade é não nula) ou existe uma constante $\mu > 0$ tal que,

$$P[T > x] = e^{-\mu x}$$

e consequentemente T tem distribuição exponencial.

b) Suponha-se que T é uma variável aleatória geométrica,

$$P[T = x] = p(1-p)^{x-1}, \quad x = 1,\ 2,\ \dots .$$

Tem-se então,

$$P[T > x] = 1 - \sum_{k=1}^{x} p(1-p)^{k-1} = (1-p)^x$$

e portanto,

$$P[T > x+y \,|\, T > x] = \frac{P[T > x+y]}{P[T > x]} = (1-p)^y = P[T > y].$$

Na implicação contrária, a propriedade de T não ter memória implica como se viu,

$$P[T > x+y] = P[T > X] P[T > y]$$

e tomando $g(x) = P[T > x]$, a igualdade anterior é equivalente, por T ser uma variável discreta

$$g(x+y) = g(x)g(y), \quad \text{com } x = 1,\ 2,\ \dots .$$

Este facto, significa que,

$$g(kx) = [g(x)]^k, \quad k = 1, 2, \dots ,$$

ou seja, $g(k) = [g(1)]^k$.

Fazendo $q = g(1)$, vem,

$$P[T \le k] = 1 - g(k) = 1 - q^k \Rightarrow P[T = k] = (1-q)q^{k-1},$$

isto é, com $p = 1 - q$, $P[T = k] = p(1-p)^{k-1}$, $k = 1,\ 2,\ \dots$, vindo T com distribuição geométrica.

236 | Processos estocásticos e aplicações

❼ Tomando a unidade de tempo o minuto, $N(t)$ é, para cada t, uma variável aleatória de Poisson tal que,

$$E[N(60)] = 60v = 30 \Rightarrow v = \frac{1}{2}.$$

Então, a sucessão dos tempos entre chegadas é IID com a variável $T \sim Exp(v = \frac{1}{2})$, ou seja,

$$F(x) = P[T \le x] = 1 - e^{-\frac{x}{2}}.$$

a) $P[T > 2] = e^{-1} = 0.367879$.

b) $P[T < 4] = 1 - e^{-2} = 0.864665$.

c) $P[1 < T < 3] = e^{-\frac{1}{2}} - e^{-\frac{3}{2}} = 0.3834$.

❽ a) Considere-se a variável aleatória,

$$Y_k = \begin{cases} \quad 0 \qquad 1 \\ 1 - p^k \quad p^k \end{cases}$$

que assume o valor um caso o k-ésimo passageiro que chega ao aeroporto para esse voo faça um seguro de viagem. Nestas condições, o processo $\{X(t), t \ge 0\}$ pode ser representado por,

$$X(t) = \sum_{k=1}^{N(t)} Y_k,$$

onde $\{N(t), t \ge 0\}$ é o processo de Poisson.

Apesar das aparências, este processo não é um processo de Poisson composto. De facto, as variáveis Y_k não são identicamente distribuídas.

b) Como se sabe,

$$E[X(t)] = E\big[E[X(t)|N(t) = n]\big].$$

Ora,

$$E[X(t)|N(t) = n] = \sum_{k=1}^{n} E[Y_k] = \sum_{k=1}^{n} p^k = \frac{p - p^{n+1}}{1 - p},$$

vindo, portanto,

$$E[X(t)] = \sum_{n=0}^{\infty} \left(\frac{p - p^{n+1}}{1 - p} \right) e^{-vt} \frac{(vt)^n}{n!} = \frac{p}{1 - p}\left[1 - e^{-vt(1-p)} \right].$$

❾ Aplica-se uma conhecida propriedade do valor esperado condicional,

$$E[X(t)] = E\big[E[X(t)|N(t) = k]\big].$$

Ora,

$$E[X(t)|N(t) = k] = \sum_{n=1}^{k} E[Y_n]$$

$$= kE[Y].$$

Nestas condições,

$$E[X(t)] = E[N(t)]E[Y]$$

$$= vtE[Y].$$

238 | Processos estocásticos e aplicações

Quanto à variância tem-se,

$$\operatorname{var}[X(t)] = E\Big[\operatorname{var}\big[X(t)|\ N(t) = k\big]\Big] + \operatorname{var}\Big[E\big[X(t)|N(t) = k\big]\Big]$$

$$= E\Big[N(t)\operatorname{var}[Y]\Big] + \operatorname{var}\Big[N(t)E[Y]\Big]$$

$$= vt\operatorname{var}[Y] + \operatorname{var}[N(t)]E^2[Y]$$

$$= vtE\Big[Y^2\Big].$$

Tendo em conta que $X(t) - X(s)$, $t < s$, representa a soma de $N(t) - N(s)$ variáveis Y_n, vem,

$$\operatorname{var}[X(t) - X(s)] = v(t - s)E\Big[Y^2\Big],$$

donde,

$$\operatorname{cov}[X(t), X(s)] = \frac{\operatorname{var}[X(t)] + \operatorname{var}[X(s)] - \operatorname{var}[X(t) - X(s)]}{2}$$

$$= \frac{vE\Big[Y^2\Big]\big[(t + s) - (t - s)\big]}{2}$$

$$= vsE\Big[Y^2\Big]$$

$$= v\min(t, s)E\Big[Y^2\Big].$$

❿ a) Tem-se,

$$\psi(z, t) = \sum_{k=0}^{\infty} z^k P\big[N(t) = k\big]$$

$$= P\big[N(t) = 0\big] + zP\big[N(t) = 1\big] + \dots$$

O que implica,

$$P[N(t)=0]=\psi(0,t)$$

$$=e^{-vt}.$$

Vindo,

$$v=-\ln(P[N(1)=0]).$$

b) Num processo de Poisson generalizado tem-se,

$$\frac{\partial \psi(z,t)}{\partial z}=e^{vt[\psi(z)-1]}vt(p_1+2zp_2+3z^2p_3+...).$$

$$\frac{\partial^2 \psi(z,t)}{\partial z^2}=e^{vt[\psi(z)-1]}(vt)^2(p_1+2zp_2+3z^2p_3+...)^2+$$

$$+e^{vt[\psi(z)-1]}vt(2p_2+6zp_3+...).$$

Nestas condições vem,

$$P[N(t)=1]=\frac{\partial \psi(z,t)}{\partial z}\bigg|_{z=0}$$

$$=e^{-vt}vtp_1$$

$$P[N(t)=2]=\frac{\dfrac{\partial^2 \psi(z,t)}{\partial z^2}\bigg|_{z=0}}{2}$$

$$=\frac{e^{-vt}vt(vtp_1^2+2p_2)}{2}.$$

240 | Processos estocásticos e aplicações

⑪ *a*) $\{X(t),t\geq0\}$ é um processo de Poisson composto, as variáveis Y_k são IID. A função característica do processo vem,

$$\Phi_{X(t)}(u)=\exp10\,t\left[(e^{iu}-1)0.3\right].$$

b) Para cada *t*, a variável aleatória $X(t)$ tem função característica de uma variável de Poisson com parâmetro $\lambda=3t$.

c) Tendo em conta que $X(1)\sim P_o(\lambda=3)$,

$$P[X(1)=3]=e^{-3}\frac{3^3}{3!}=0.6472.$$

d) Se $N(1)=9$, está-se perante uma distribuição binomial, vindo,

$$P\left[X(1)=3\big|N(1)=9\right]=P\left[B_i(9;0.3)=3\right]=\binom{9}{3}(0.3)^3(0.7)^6=0.2668.$$

Capítulo 3

❶ *a*) Designando por 0 e 1 ter sido produzido um parafuso defeituoso e não defeituoso respectivamente durante uma certa hora, o espaço dos estados da cadeia de Markov vem, $E=\{0,1\}$ e a matriz de probabilidade de transição a um passo é,

$$P=\begin{bmatrix}p_{00}&p_{01}\\p_{10}&p_{11}\end{bmatrix}=\begin{bmatrix}0&1\\p&1-p\end{bmatrix}.$$

b) A cadeia de Markov é irredutível com espaço dos estados finito, logo é recorrente (Observação p. 88). Uma vez que $p_{11}\neq0$, os dois estados são aperiódicos. Resta verificar que é recorrente positiva para assegurar a existência da distribuição limite,

$$f_{0,0}^{(1)}=0\ \text{ e }\ f_{0,0}^{(n)}=p(1-p)^{n-2},\ n\geq2,$$

logo,

$$\mu_{00} = \sum_{n=2}^{\infty} np(1-p)^{n-2}$$

$$= \frac{p}{1-p}\left(-\sum_{n=2}^{\infty}(1-p)^n\right)'$$

$$= \frac{1+p}{p} < \infty$$

e

$$f_{1,1}^{(1)} = 1-p, \; f_{1,1}^{(2)} = p \; \text{ e } \; f_{1,1}^{(n)} = 0, \; n \geq 3,$$

$$\mu_{11} = 1 - p + 2p = 1 + p < \infty.$$

Nestas condições, o Teorema 8 estabelece,

$$\pi_1 = \lim_{n \to \infty} P[X_n = 1]$$

$$= \frac{1}{\mu_{11}}$$

$$= \frac{1}{1+p}.$$

❷ a) A matriz P das probabilidades de transição é,

$$P = \begin{bmatrix} 0 & 1-p & p \\ 1 & 0 & 0 \\ 0 & q & 1-q \end{bmatrix}.$$

242 | Processos estocásticos e aplicações

b) Com $p \neq 0$, $q \neq 1$ e $q \neq 0$ a cadeia é irredutível e, além disso, aperiódica, de facto $p_{33} \neq 0$ o que implica $d_3 = m.d.c.$ $\{1, 2, 3, ...\} = 1 = d_1 = d_2$ (Teorema 2).

c) Verificando-se as condições anteriores e uma vez que o espaço dos estados é finito, a cadeia será recorrente. Além disso, é recorrente positiva,

$$\mu_{11} = \mu_{22} = 2(1-p) + \sum_{n=3}^{\infty} npq(1-q)^{n-3}$$

$$= 2(1-p) + \frac{pq}{(1-q)^2} \left(\sum_{n=3}^{\infty} (1-q)^n \right)'$$

$$= \frac{p+2q}{q} < \infty$$

$$\mu_{33} = (1-q) + \sum_{n=1}^{\infty} (2n+1)pq(1-p)^{n-1}$$

$$= \frac{p+2q}{p} < \infty.$$

Nestas condições existe distribuição limite, coincidindo com a distribuição estacionária (Teorema 10), vindo,

$$\pi_1 = \pi_2 = \frac{q}{p + 2q}$$

$$\pi_3 = \frac{p}{p + 2q}.$$

c) Se $p = q \Rightarrow \pi_1 = \pi_2 = \pi_3 = \frac{1}{3}$.

❸ *a*) O estado 2 é acessível a partir do estado 1 $(1 \to 2)$;

o estado 2 é acessível a partir do estado 3 $(3 \to 2)$;

o estado 3 é acessível a partir do estado 2 $(2 \to 3)$;

o estado 3 é acessível a partir do estado 1 $(1 \to 3)$;

o estado 1 não é acessível a partir de qualquer estado.

– Os estados 2 e 3 são comunicantes $(2 \leftrightarrow 3)$ e formam uma classe comunicante.

– A cadeia de Markov não é irredutível.

– Periodicidade: a cadeia de Markov é aperiódica,

$p_{1,1}(n) = p^n > 0,\ n \geq 1 \Rightarrow d_1 = 1$ e o estado 1 é aperiódico;

$p_{3,3}(1) = q > 0 \Rightarrow d_3 = 1$ e o estado 3 é aperiódico;

o estado 2 é aperiódico por $2 \leftrightarrow 3$ e $d_2 = d_3$.

– Probabilidade de 1° retorno em qualquer número de passos:

$f_{1,1}^{(1)} = p$ e $f_{1,1}^{(n)} = 0, n > 1 \Rightarrow f_{1,1} = \sum_{n=1}^{\infty} f_{1,1}^{(n)} = p < 1$ e o estado 1 é transitório;

$f_{2,2}^{(1)} = 0$ e $f_{2,2}^{(n)} = (1-q)q^{n-2},\ n \geq 2 \Rightarrow f_{2,2} = \sum_{n=2}^{\infty} (1-q)q^{n-2} = 1$ e o estado 2 é recorrente;

$f_{3,3}^{(1)} = q, f_{3,3}^{(2)} = 1 - q$ e $f_{3,3}^{(n)} = 0, n \geq 3 \Rightarrow f_{3,3} = 1$ e o estado 3 é recorrente;.

– Tempo médio de recorrência:

$\mu_{2,2} = \sum_{n=2}^{\infty} n(1-q)q^{n-2} = \dfrac{2-q}{1-q} < \infty$ e o estado 2 é recorrente positivo;

$\mu_{3,3} = 2 - q < \infty$ e o estado 3 é recorrente positivo.

244 | Processos estocásticos e aplicações

– Os estados 2 e 3 são ergódicos porque são recorrentes positivos e aperiódicos.

– Os estados 2 e 3 formam uma classe fechada (Teorema 7).

b) Atendendo à observação 1 do Teorema 8, vem,

$$\lim_{n \to \infty} p_3(n) = \frac{1}{\mu_{33}} = \frac{1}{2 - q}.$$

❹ a) Tome-se,

$$P = \begin{bmatrix} p_{00} & p_{01} \\ p_{10} & p_{11} \end{bmatrix} = \begin{bmatrix} p & 1-p \\ 1-q & q \end{bmatrix}, \ p, q \neq 0, 1.$$

O estado 0 é recorrente positivo,

$$f_{0,0}^{(1)} = p \ \text{e} \ f_{0,0}^{(n)} = (1 - p)(1 - q)q^{n-2}, n \geq 2 \Rightarrow$$

$$\Rightarrow f_{0,0} = p + \sum_{n=2}^{\infty} (1 - p)(1 - q)q^{n-2} = 1$$

$$\mu_{00} = p + \frac{(1 - p)(1 - q)}{q} \sum_{n=2}^{\infty} nq^{n-1} = \frac{2 - p - q}{1 - q} < \infty.$$

Como $0 \leftrightarrow 1$, o estado 1 também é recorrente (Teorema 6) e além disso é recorrente positivo,

$$\mu_{11} = \frac{2 - p - q}{1 - p} < \infty.$$

b) A cadeia é também aperiódica, de facto, $p_{00} \neq 0 \Rightarrow d_0 = 1$ e os estados são comunicantes. Existe, portanto, distribuição estacionária, solução do sistema (Teorema 10),

$$\begin{cases} \pi_0 = p\pi_0 + (1 - q)\pi_1 \\ \pi_1 = (1 - p)\pi_0 + q\pi_1 \\ \pi_0 + \pi_1 = 1 \end{cases}$$

vindo,

$$\pi_0 = \frac{1-q}{2-p-q} \quad e \quad \pi_1 = \frac{1-p}{2-p-q}.$$

❺ *a*) Designe-se por 0 e 1 os estados da cadeia, correspondendo, respectivamente, a um dia chuvoso e a um dia não chuvoso. A matriz probabilidade de transição a um passo virá,

$$P = \begin{bmatrix} p & 1-p \\ 1-p & p \end{bmatrix}.$$

b) Comece-se por verificar que a expressão é válida para $n = 1$,

$$P^1 = \frac{1}{2}\begin{bmatrix} 1 & 1 \\ 1 & 1 \end{bmatrix} + \frac{(2p-1)}{2}\begin{bmatrix} 1 & -1 \\ -1 & 1 \end{bmatrix}$$

$$= \begin{bmatrix} p & 1-p \\ 1-p & p \end{bmatrix}.$$

Admita-se, agora, que a expressão sendo válida para n, também o é para $n+1$, de facto,

$$P^{n+1} = P^n P$$

$$= \left(\frac{1}{2}\begin{bmatrix} 1 & 1 \\ 1 & 1 \end{bmatrix} + \frac{(2p-1)^n}{2}\begin{bmatrix} 1 & -1 \\ -1 & 1 \end{bmatrix}\right)\begin{bmatrix} p & 1-p \\ 1-p & p \end{bmatrix}$$

$$= \frac{1}{2}\begin{bmatrix} 1 & 1 \\ 1 & 1 \end{bmatrix} + \frac{(2p-1)^{n+1}}{2}\begin{bmatrix} 1 & -1 \\ -1 & 1 \end{bmatrix}.$$

246 | Processos estocásticos e aplicações

c) Tem-se,

$$p(n) = \left(P^n\right)^T p(0),$$

ou seja,

$$\begin{bmatrix} P(X_n = 0) \\ P(X_n = 1) \end{bmatrix} = \left(\frac{1}{2} \begin{bmatrix} 1 & 1 \\ 1 & 1 \end{bmatrix} + \frac{(2p-1)^n}{2} \begin{bmatrix} 1 & -1 \\ -1 & 1 \end{bmatrix} \right)^T \begin{bmatrix} p_1 \\ 1-p_1 \end{bmatrix},$$

o que implica,

$$p_n = P(X_n = 0)$$

$$= \frac{1}{2} + \frac{(2p-1)^n (2p_1 - 1)}{2}.$$

Uma vez que $-1 < 2p - 1 < 1$, vem,

$$\lim_{n \to \infty} p_n = \frac{1}{2}.$$

d) A cadeia é irredutível, aperiódica ($p > 0$) e com espaço dos estados finito, logo é recorrente. Também é recorrente positiva,

$$f_{0,0} = f_{1,1}$$

$$= p + (1-p)^2 \sum_{n=0}^{\infty} p^n$$

$$= 1,$$

vindo,

$$\mu_{00} = \mu_{11}$$

$$= p + \frac{(1-p)^2}{p} \sum_{n=2}^{\infty} np^{n-1}$$

$$= 2.$$

Então existirá distribuição limite coincidente com a distribuição estacionária (Teorema 10), tendo-se,

$$\pi_0 = \pi_1 = \frac{1}{2}.$$

e) Os resultados anteriores confirmam o estabelecido na alínea c), como seria de esperar.

❻ *a*) A equação de Chapman-Kolmogorov vem para este caso,

$$p_{0,1}(4) = \sum_{k=0}^{3} p_{0,k}(2) p_{k,1}(2)$$

$$= 0.51 \times 0.14 + 0.14 \times 0.15 + 0.2 \times 0.17 + 0.15 \times 0.16 = 0.1504,$$

valores calculados através da matriz P^2.

Como $P^4 = \left[p_{i,j}(4) \right]$, encontra-se a probabilidade pretendida no cruzamento da primeira linha com a segunda coluna desta matriz.

b) A cadeia de Markov apresenta espaço dos estados finito e tendo em conta o aspecto da matriz P, verifica-se com facilidade que estão garantidos os requisitos do Teorema 10. Assim,

248 | Processos estocásticos e aplicações

uma vez que os elementos de cada uma das colunas da matriz P^4 são análogos, pode-se aproximar $\pi_j \approx p_{i,j}(4)$, vindo,

$$\pi_0 \approx 0.495, \ \pi_1 \approx 0.1504, \ \pi_3 \approx 0.1878 \ \text{e} \ \pi_4 \approx 0.1668.$$

c) Fazendo a aproximação da probabilidade de um estado inicial à correspondente distribuição limite, $P[X_0 = j] \approx \pi_j$, ter--se-á,

$$P[X_1 = 0, \ X_2 = 0, \ X_3 = 0] =$$

$$= P[X_3 = 0 | X_2 = 0] P[X_2 = 0 | X_1 = 0] P[X_1 = 0]$$

$$\approx (0.6)^2 \times 0.495 = 0.1782.$$

❼ a) Verifique-se que a formula é verdadeira para $n = 1$,

$$P^1 = \frac{1}{a+b}\begin{bmatrix} b & a \\ b & a \end{bmatrix} + \frac{(1-a-b)}{a+b}\begin{bmatrix} a & -a \\ -b & b \end{bmatrix}$$

$$= \begin{bmatrix} 1-a & a \\ b & 1-b \end{bmatrix} = P.$$

Admitindo que a formula é verdadeira para n, também o será para $n + 1$,

$$P^{n+1} = P^n P$$

$$= \left\{ \frac{1}{a+b}\begin{bmatrix} b & a \\ b & a \end{bmatrix} + \frac{(1-a-b)^n}{a+b}\begin{bmatrix} a & -a \\ -b & b \end{bmatrix} \right\} \cdot \begin{bmatrix} 1-a & a \\ b & 1-b \end{bmatrix}$$

$$= \frac{1}{a+b}\begin{bmatrix} b & a \\ b & a \end{bmatrix} + \frac{(1-a-b)^{n+1}}{a+b}\begin{bmatrix} a & -a \\ -b & b \end{bmatrix} = P^{n+1}.$$

b) Facilmente se verifica que as condições do Teorema 10 estão satisfeitas. Além disso, $|1-a-b|<1$, donde,

$$P^n = \left[p_{i,j}(n) \right] \xrightarrow[n\to\infty]{} \frac{1}{a+b}\begin{bmatrix} b & a \\ b & a \end{bmatrix},$$

vindo,

$$\pi_0 = \frac{b}{a+b} \quad \text{e} \quad \pi_1 = \frac{a}{a+b}.$$

❽ Caso $r = 1$.

a) Está-se perante uma cadeia de Markov homogénea com espaço dos estados finito, $E = \{0, 1\}$ e matriz probabilidade de transição,

$$P = \begin{bmatrix} 0 & 1 \\ 1-p & p \end{bmatrix}.$$

b) A cadeia é irredutível, aperiódica $(p > 0)$ e com espaço dos estados finito, logo é recorrente. Os estados são recorrentes positivos,

$$\mu_{00} = \sum_{n=2}^{\infty} n(1-p)p^{n-2}$$

$$= \frac{2-p}{1-p} < \infty$$

$$\mu_{11} = p + 2(1-p)$$

$$= 2 - p < \infty.$$

250 | Processos estocásticos e aplicações

c) A distribuição estacionária resulta como solução do sistema (Teorema 10),

$$\begin{cases} \pi_0 = (1-p)\pi_1 \\ \pi_1 = \pi_0 + p\pi_1 \\ \pi_0 + \pi_1 = 1 \end{cases}$$

vindo,

$$\pi_0 = \frac{1-p}{2-p} \quad \text{e} \quad \pi_0 = \frac{1}{2-p} \;.$$

d)

$$P\big[\text{apanhar uma "molha"}\big] = P\big[\text{estar a chover e não ter chapéu}\big]$$

$$= P\big[\text{estar a chover}\big].P\big[\text{não ter chapéu}\big]$$

$$= p\pi_0 = \frac{p(1-p)}{2-p}.$$

Caso $r > 1$.

O espaço dos estados vem, $E = \{0, 1, \dots, r\}$ e a matriz de transição $(r+1)\times(r+1)$,

$$P = \begin{bmatrix} 0 & 0 & 0 & \dots & 0 & 0 & 1 \\ 0 & 0 & 0 & \dots & 0 & 1-p & p \\ 0 & 0 & 0 & \dots & 1-p & p & 0 \\ \dots & & & \dots & & & \dots \\ \dots & & & \dots & & & \dots \\ 0 & 1-p & p & \dots & 0 & 0 & 0 \\ 1-p & p & 0 & \dots & 0 & 0 & 0 \end{bmatrix}.$$

Com facilidade se verifica que a cadeia de Markov satisfaz as condições do Teorema 10, vindo a distribuição estacionária como resultante do sistema de equações,

$$\begin{cases} \pi_0 = (1-p)\pi_r \\ \pi_1 = (1-p)\pi_{r-1} + p\pi_r \\ \dots \\ \pi_{r-1} = (1-p)\pi_1 + p\pi_2 \\ \pi_r = \pi_0 + p\pi_1 \\ \pi_0 + \dots + \pi_r = 1 \end{cases}$$

cuja solução é,

$$\pi_0 = \frac{1-p}{r+1-p}$$

$$\pi_i = \frac{1}{r+1-p}, \quad i=1, \dots, r.$$

❾ O espaço dos estados é $E = \{0, 1\}$, consoante o indivíduo se encontra de bom ou mau humor respectivamente e a matriz probabilidade de transição a um passo vem,

$$P = \begin{bmatrix} 0.8 & 0.2 \\ 0.6 & 0.4 \end{bmatrix}.$$

a) Nestas condições,

$$P^2 = \left[p_{i,j}(2) \right] = \begin{bmatrix} 0.76 & 0.24 \\ 0.72 & 0.28 \end{bmatrix},$$

252 | Processos estocásticos e aplicações

vindo,

$$P\left[X_2 = 0 \middle| X_1 = 1\right] = p_{1,0}(2)$$

$$= 0.72 \ .$$

b) Sendo,

$$P\left[X_0 = 0\right] = P\left[X_0 = 1\right] = 0.5,$$

vem,

$$p(2) = \begin{bmatrix} P\left(X_2 = 0\right) \\ P\left(X_2 = 1\right) \end{bmatrix}$$

$$= \left(P^2\right)^T p(0)$$

$$= \begin{bmatrix} 0.76 & 0.72 \\ 0.24 & 0.28 \end{bmatrix} \begin{bmatrix} 0.5 \\ 0.5 \end{bmatrix} = \begin{bmatrix} 0.74 \\ 0.26 \end{bmatrix}.$$

Concluindo-se,

$$P\left[X_2 = 0\right] = 0.74.$$

⓾ Por hipótese sabe-se que um estado qualquer j é acessível a partir de i, ou seja,

$$\forall i, j \in E \Rightarrow \exists k > 0 : p_{i,j}(k) > 0.$$

Pretende-se provar que $k \leq n$.

Suponha-se por absurdo que não existe algum valor de k nestas condições, isto é,

$$\forall i, j \in E \text{ e } \forall k \leq n \text{ se tem } p_{i,j}(k) = 0,$$

então, ter-se-ia também, em particular, que $p_{i,j}(n+1) = 0$, de facto,

$$p_{i,j}(n+1) = \sum_{u=1}^{n} p_{i,u}(n) p_{u,j}(1) = 0$$

e de forma análoga, poder-se-ia dizer que $p_{i,j}(k) = 0$, $k \geq n+1$, concluindo-se, deste modo, $p_{i,j}(k) = 0$, $\forall k$, o que significava que o estado j não era acessível a partir de i, contrariando a hipótese inicial.

Capítulo 4

❶ a) Como $N(0) = 1$, o espaço dos estados é, $E = \{1, 2, ...\}$. Tomando $1 < n \leq M$, tem-se,

$$P_n(t+h) = P\big[N(t+h) = n\big]$$

$$= P\left[N(t+h) = n, \bigcup_{k=1}^{\infty} N(t) = k\right]$$

$$= \sum_{k=1}^{\infty} P\big[N(t+h) = n, N(t) = k\big]$$

$$= \sum_{k=1}^{\infty} p_{k,n}(h) P_k(t)$$

$$= p_{n-1,n}(h) P_{n-1}(t) + p_{n,n}(h) P_n(t) + \sum_{\substack{k \neq n-1 \\ k \neq n}} p_{k,n}(h) P_k(t).$$

254 | Processos estocásticos e aplicações

De forma análoga à Observação 2, pág. 137, o somatório do lado direito da igualdade anterior, prova-se que é um $o(h)$. Assim, tendo em conta a taxa de nascimento do processo, vem, após as devidas substituições,

$$\frac{1}{h}\{P_n(t+h) - P_n(t)\} = (M - n + 1)\lambda P_{n-1}(t) - (M - n)\lambda P_n(t) + \frac{o(h)}{h},$$

que tende para a equação diferencial pretendida, quando $h \to 0$.

Os casos $n = 1$ e $n > M$ resultam de um procedimento semelhante com as correspondentes adaptações.

b) Para $n = 1$ a solução da equação diferencial é do tipo indicado, de facto a partir desta equação segue-se,

$$\frac{P_1'(t)}{P_1(t)} = -(M - 1)\lambda,$$

cuja solução é da forma,

$$P_1(t) = e^{-(M-1)\lambda t}.C,$$

onde a constante C é determinada, tendo em conta,

$$N(0) = 1 \Rightarrow P_1(0) = 1 = C.$$

Suponha-se, agora, que para n a solução indicada é verificada e prove-se que continua a ser para $n + 1$. Ora, a equação diferencial para $n + 1$ é,

$$P'_{n+1}(t) + (M - n - 1)\lambda P_{n+1}(t) = (M - n)\lambda P_n(t),$$

vindo a sua solução (v. pág. 139),

$$P_{n+1}(t) = \int_0^t e^{-(M-n-1)\lambda(t-s)}(M - n)\lambda P_n(s)ds,$$

substituindo $P_n(s)$, vem como se pretendia,

$$P_{n+1}(t) = \int_0^t e^{-(M-n-1)\lambda(t-s)} (M-n)\lambda \binom{M-1}{n-1}(1-e^{-\lambda s})^{n-1} e^{-(M-n)\lambda s} ds$$

$$= \binom{M-1}{n}(1-e^{-\lambda t})^n e^{-(M-n-1)\lambda t}.$$

❷ a) Tendo em conta a distribuição Binomial, tem-se,

$$p_{n,n+1}(h) = \binom{n}{1}(\lambda h + o(h))(1-\lambda h + o(h))^{n-1}$$

$$= n\lambda h + o(h)$$

$$p_{n,n-1}(h) = 0$$

$$p_{n,n}(h) = 1 - p_{n,n+1}(h)$$

$$= 1 - n\lambda h + o(h).$$

Fica provado que se trata de um processo de nascimento puro de taxa $\lambda_n = n\lambda$.

b) Tal como no exercício anterior tem-se,

$$p_k(t+h) = p_{k-1,k}(h)p_{k-1}(t) + p_{k,k}(h)p_k(t) + \sum_{\substack{n \neq k-1 \\ n \neq k}} p_{n,k}(h)p_n(t)$$

$$= p_{k-1,k}(h)p_{k-1}(t) + p_{k,k}(h)p_k(t) + o(h).$$

Tendo em conta a alínea anterior vem,

$$\frac{1}{h}\{p_k(t+h) - p_k(t)\} = (k-1)\lambda p_{k-1}(t) - k\lambda p_k(t) + \frac{o(h)}{h},$$

resultando a equação diferencial pretendida.

256 | Processos estocásticos e aplicações

c) Para $k=1$ a solução é verdadeira, porque resulta da equação diferencial,

$$\frac{p_1'(t)}{p_1(t)} = -\lambda \Rightarrow p_1(t) = e^{-\lambda t}.$$

Admitindo a solução verdadeira para k, tem-se,

$$p_{k+1}'(t) = k\lambda\left[e^{-k\lambda t}(e^{\lambda t}-1)^{k-1}\right] - (k+1)p_{k+1}(t),$$

cuja solução é,

$$p_{k+1}(t) = e^{-(k+1)\lambda t}(e^{\lambda t}-1)^{k}.$$

d) A função geradora de probabilidades vem, a partir da soma da série geométrica,

$$P(z,t) = \sum_{k=1}^{\infty} z^k e^{-k\lambda t}(e^{\lambda t}-1)^{k-1}$$

$$= \frac{1}{e^{\lambda t}-1}\sum_{k=1}^{\infty}\left[ze^{-\lambda t}(e^{\lambda t}-1)\right]^{k}$$

$$= \frac{ze^{-\lambda t}}{1-z+ze^{-\lambda t}}, \quad |z|<1.$$

e) Como se sabe,

$$P(z,t) = E\left[z^{N(t)}\right] \Rightarrow \frac{\partial P(z,t)}{\partial t}\Big|_{z=1} = E[N(t)].$$

Ora,

$$\frac{\partial P(z,t)}{\partial t} = \frac{e^{-\lambda t}}{(1-z+ze^{-\lambda t})^2},$$

o que implica,

$$E[N(t)] = e^{\lambda t}.$$

❸ a) Num processo de nascimento e morte tem-se,

$$P_n(t+h) = P[N(t+h) = n]$$

$$= p_{n-1,n}(h)P_{n-1}(t) + p_{n,n}(h)P_n(t) + p_{n+1,n}(h)P_{n+1}(t) + \sum_{\substack{k \neq n-1 \\ k \neq n \\ k \neq n+1}} p_{k,n}(h)P_k(t)$$

$$= p_{n-1,n}(h)P_{n-1}(t) + p_{n,n}(h)P_n(t) + p_{n+1,n}(h)P_{n+1}(t) + o(h).$$

Tendo em conta as taxas de nascimento e de morte e fazendo as correspondentes substituições, a igualdade anterior é equivalente,

$$\frac{1}{h}\{P_n(t+h) - P_n(t)\} = \lambda q^{n-1} P_{n-1}(t) - (\lambda q^n + \mu)P_n(t) + \mu P_{n+1}(t) + \frac{o(h)}{h}$$

e fazendo $h \to 0$ obtém-se a equação diferencial pretendida para $n \geq 1$.

Na situação $n = 0$, como $\mu_0 = 0$ e os estados não podem ser negativos, a razão incremental viria,

$$\frac{1}{h}\{P_0(t+h) - P_0(t)\} = -\lambda P_0(t) + \mu P_1(t) + \frac{o(h)}{h},$$

concluindo-se o resultado.

b) Por passagem ao limite quando $t \to \infty$, as equações diferenciais conduzem às equações às diferenças,

$$-\lambda p_0 + \mu p_1 = 0$$

$$\lambda q^{n-1} p_{n-1} - (\lambda q^n + \mu) p_n + \mu p_{n+1} = 0, \quad n \geq 1.$$

258 | Processos estocásticos e aplicações

Deste modo, a solução para $n = 1$ é verdadeira,

$$p_1 = p_0 \frac{\lambda}{\mu}.$$

Admita-se a solução verdadeira até n e verifique-se que também o é para $n + 1$. Ora, da equação às diferenças resulta,

$$p_{n+1} = \frac{(\lambda q^n + \mu)}{\mu} p_n - \frac{\lambda q^{n-1}}{\mu} p_{n-1},$$

substituindo nesta equação os valores de p_n e de p_{n-1} pelos obtidos pela solução, obtém-se após alguns cálculos,

$$p_{n+1} = p_0 \left(\frac{\lambda}{\mu} \right) q^{\frac{(n+1)n}{2}}.$$

❹ *a*) Seguindo um raciocínio em tudo semelhante ao do exercício anterior e substituindo as novas taxas de nascimento e de morte pelas indicadas neste caso, obtém-se com toda a facilidade as seguintes duas razões incrementais,

$$\frac{1}{h} \left\{ P_0(t+h) - P_0(t) \right\} = -a P_0(t) + \mu P_1(t) + \frac{o(h)}{h},$$

$$\frac{1}{h} \left\{ P_n(t+h) - P_n(t) \right\} =$$

$$[a + \lambda(n-1)] P_{n-1}(t) - [(\lambda + \mu)n + a] P_n(t) + \mu(n+1) P_{n+1}(t) + \frac{o(h)}{h}, \quad n \geq 1,$$

que tendem para as equações diferenciais pretendidas.

b) As correspondentes equações às diferenças para um estado estável virão,

$$p_1 = p_0 \frac{a}{\mu}$$

$$p_{n+1} = \frac{[(\lambda + \mu)n + a]}{\mu(n+1)} p_n - \frac{[a + \lambda(n-1)]}{\mu(n+1)} p_{n-1}, \quad n \geq 1.$$

Resulta então,

$$p_2 = \frac{(\lambda + \mu + a)}{2\mu} p_1 - \frac{a}{2\mu} p_0$$

$$= a \frac{\lambda + a}{2\mu^2} p_0.$$

Esta probabilidade representa, em situação de estabilidade, a probabilidade de a cadeia assumir o valor 2, ou seja, a probabilidade de a cadeia tomar o valor 2 após ter decorrido muito tempo em relação ao seu estado inicial.

❺ Está-se perante um processo de nascimento e morte com espaço dos estados $E = \{0, 1\}$, portanto,

$$p_{0,1}(h) = \alpha h + o(h) \Rightarrow p_{0,0}(h) = 1 - \alpha h + o(h)$$

$$p_{1,0}(h) = \beta h + o(h) \Rightarrow p_{1,1}(h) = 1 - \beta h + o(h).$$

a) Nestas condições, para $n = 0, 1,$

$$P_n(t+h) = \sum_{k=0}^{1} P\left[X(t+h) = n \mid X(t) = k\right] P_k(t)$$

$$= p_{0,n}(h)P_0(t) + p_{1,n}(h)P_1(t).$$

Deste modo,

$$P_0(t+h) = (1-\alpha h)P_0(t) + \beta h P_1(t) + o(h)$$

$$= (1-\alpha h)P_0(t) + \beta h\left[1 - P_0(t)\right] + o(h)$$

e

$$P_1(t+h) = \alpha h P_0(t) + (1-\beta h)P_1(t) + o(h)$$

$$= \alpha h\left[1 - P_1(t)\right] + (1-\beta h)P_1(t) + o(h).$$

Vindo as correspondentes razões incrementais,

$$\frac{1}{h}\left\{P_0(t+h) - P_0(t)\right\} = -\alpha P_0(t) + \beta\left[1 - P_0(t)\right] + \frac{o(h)}{h}$$

$$\frac{1}{h}\left\{P_1(t+h) - P_1(t)\right\} = -\beta P_1(t) + \alpha\left[1 - P_1(t)\right] + \frac{o(h)}{h},$$

que tendem para as equações diferenciais pretendidas, quando $h \to 0$.

b) A primeira equação diferencial, sujeita à condição $P_0(0) = 1$, tem como solução (v. pág.139),

$$P_0(t) = \int_0^t e^{-(\alpha+\beta)(t-s)}\beta ds + e^{-(\alpha+\beta)t}$$

$$= \frac{\beta}{\alpha+\beta} + \frac{\alpha}{\alpha+\beta}e^{-(\alpha+\beta)t}.$$

Capítulo 5

❶ Está-se perante o modelo de fila de espera (M/M/1):(FCFS/∞/∞) e tomando como unidade de tempo o minuto, o número médio de clientes que chegam ao sistema por minuto, vem,

$$E[N(60)] = \lambda 60 = 10 \Rightarrow \lambda = \frac{1}{6}$$

e o número médio de clientes servidos por minuto é dado por,

$$\frac{1}{\mu} = 5 \Rightarrow \mu = \frac{1}{5},$$

o que implica $\rho = \frac{5}{6} < 1$ e, portanto, a probabilidade de existirem n clientes no sistema vem,

$$p_n = (1-\rho)\rho^n, \quad n = 0, 1, 2, \dots.$$

a)

$$P[\text{estacionar em frente ao posto}] = p_0 + p_1 + p_2$$

$$= \frac{1}{6} + \frac{5}{36} + \frac{25}{216} \approx 0.42.$$

b)

$$P[\text{estacionar fora do esço}] = 1 - (p_0 + p_1 + p_2)$$

$$\approx 0.58.$$

c) O tempo médio de espera no sistema é,

$$W_s = \frac{1}{\mu(1-\rho)} = 30 \quad \text{minutos,}$$

262 | Processos estocásticos e aplicações

vindo o tempo médio na fila,

$$W_q = W_s - \frac{1}{\mu} = 25 \quad \text{minutos.}$$

❷ A taxa média de chegadas e a taxa média de serviço são respectivamente,

$$\lambda = \frac{1}{16} \quad \text{e} \quad \mu = \frac{1}{15} \Rightarrow \rho = \frac{15}{16} < 1.$$

O modelo é do tipo (M/M/1):(FCFS/∞/∞).

a) $L_s = \dfrac{\rho}{1-\rho} = 15$ clientes.

b) O custo médio de serviço por minuto à taxa de serviço $\dfrac{1}{15}$ é $\dfrac{C}{15}$; e quando a taxa passa para $\dfrac{1}{10}$ o custo médio virá $\dfrac{C}{10}$. Assim, o aumento médio do custo de serviço por minuto será, $\dfrac{C}{10} - \dfrac{C}{15} = \dfrac{C}{30}$.

c) Pretende-se determinar a nova taxa média de serviço μ de modo a que,

$$L_s < 10 \quad \text{e} \quad C\left(\mu - \frac{1}{15}\right) \leq C.$$

A primeira desigualdade conduz a,

$$L_s = \frac{\frac{1}{16\mu}}{1 - \frac{1}{16\mu}} < 10 \Rightarrow \mu > \frac{11}{160}$$

e a segunda,

$$\mu \leq \frac{16}{15}.$$

❸ Considere-se o minuto como a unidade de tempo. Nestas condições, os dois processos de Poisson terão taxas iguais a $\frac{1}{6}$ e $\frac{1}{12}$ respectivamente. Ora, sabe-se que a soma de duas variáveis de Poisson independentes é ainda uma variável de Poisson de parâmetro igual à soma dos parâmetros dessas variáveis. Deste modo, pode afirmar-se que o processo de chegadas do conjunto de passageiros provenientes de qualquer uma das linhas é de Poisson de taxa igual a $\frac{1}{4}$.

O número médio de clientes servidos por minuto é

$$\mu = \frac{1}{3} \Rightarrow \rho = \frac{3}{4} < 1.$$

a) Tomando o sistema com dois postos de serviço com as características acima referidas, tem-se um modelo (M/M/2): (FCFS/∞/∞), em que,

$$p_0 = \left[1 + \frac{3}{4} + \frac{(\frac{3}{4})^2}{2 - \frac{3}{4}} \right]^{-1} = 0.4545 \quad ,$$

$$L_q = \frac{\left(\frac{3}{4} \right)^3}{\left(2 - \frac{3}{4} \right)^2} \times 0.4545 = 0.1227,$$

$$W_s = \frac{0.613636}{\frac{1}{4}} + \frac{1}{\frac{1}{3}} = 3.49 .$$

Pretende-se determinar a taxa de serviço num modelo (M/M/1):(FCFS/∞/∞), com mesmo tipo de fluxo de chegadas, de tal forma que o tempo médio de espera no sistema seja igual ao anteriormente calculado, isto é,

264 | Processos estocásticos e aplicações

$$W_s = \frac{1}{\mu(1 - \frac{1/4}{\mu})} = 3.49 \Rightarrow \mu = 0.5365.$$

b)

$$P[\text{os dois postos ocupados}] = 1 - (p_0 + p_1) = 0.2045,$$

uma vez que,

$$p_0 = 0.4545$$

$$p_1 = \frac{3}{4} \times 0.4545 = 0.3409.$$

❹ O processo de chegadas é de Poisson tal que,

$$E[N(60)] = 60\lambda = 180 \Rightarrow \lambda = 3.$$

Tem-se um modelo (M/M/1):(FCFS/∞/∞) com

$$\mu = 4 \Rightarrow \rho = \frac{3}{4} < 1.$$

a) Tem-se $N(5) \sim P_o(15)$, vindo pela tabela,

$$P[N(5) > 20] = 1 - P[N(5) \le 20]$$
$$= 1 - 0.917 = 0.083 .$$

b) Neste modelo tem-se,

$$L_s = \frac{\rho}{1 - \rho} = 3.$$

❺ *a*) Seguindo um raciocínio análogo ao que foi realizado para o modelo (M/M/c):(GD/∞/∞), pág. 178, chega-se,

$$
p_{n,n+1}(t) = \begin{cases} \lambda t + o(t), & 0 \le n < N \\ \\ 0, & n \ge N \end{cases}
$$

$$
p_{n,n-1}(t) = \begin{cases} n\mu + o(t), & 0 \le n < c \\ \\ c\mu + o(t), & c \le n \le N \\ \\ 0, & n > N. \end{cases}
$$

Nestas condições, está-se perante um processo de nascimento e morte, tal que,

$$
\lambda_n = \begin{cases} \lambda, & 0 \le n < N \\ \\ 0, & n \ge N \end{cases}
$$

$$
\mu_n = \begin{cases} n\mu, & 0 \le n < c \\ \\ c\mu, & c \le n \le N \\ \\ 0, & n > N. \end{cases}
$$

266 | Processos estocásticos e aplicações

Efectuando um raciocínio semelhante ao que tem sido feito em situações idênticas, pode estabelecer-se as seguintes equações diferenciais,

$$p_0(t+h) = (1 - h\lambda)p_0(t) + h\mu p_1(t) + o(h) \Rightarrow$$

$$\Rightarrow p_0'(t) = -\lambda p_0(t) + \mu p_1(t), \quad n = 0$$

$$p_n(t+h) = h\lambda p_{n-1}(t) + (1 - h\lambda - hn\mu)p_n(t) + (n+1)h\mu p_{n+1}(t) + o(h) \Rightarrow$$

$$\Rightarrow p_n'(t) = \lambda p_{n-1}(t) - (\lambda + n\mu)p_n(t) + (n+1)\mu p_{n+1}(t), \quad 0 < n < c$$

$$p_n(t+h) = h\lambda p_{n-1}(t) + (1 - h\lambda - hc\mu)p_n(t) + ch\mu p_{n+1}(t) + o(h) \Rightarrow$$

$$\Rightarrow p_n'(t) = \lambda p_{n-1}(t) - (\lambda + c\mu)p_n(t) + c\mu p_{n+1}(t), \quad c \leq n < N$$

$$p_N(t+h) = h\lambda p_{N-1}(t) + (1 - hc\mu)p_N(t) + o(h) \Rightarrow$$

$$\Rightarrow p_N'(t) = \lambda p_{N-1}(t) - c\mu p_N(t), \quad n = N.$$

Fazendo, agora, $t \to \infty$ obtém-se o sistema de equações às diferenças pretendido.

b) Vai-se demonstrar por indução que a solução é, de facto, a indicada.

Para $n = 1$ a solução é verificada,

$$p_1 = \rho p_0.$$

Supondo a solução verdadeira para n, também o é para $n+1$,

- caso $0 < n < c$, vem por substituição,

$$p_{n+1} = \frac{1}{(n+1)\mu}\left\{-\lambda p_{n-1} + (n\mu + \lambda)p_n\right\}$$

$$= \frac{\rho^{(n+1)}}{(n+1)!}p_0.$$

- caso $c \leq n < N$, vem por substituição,

$$p_{n+1} = \frac{1}{c\mu}\left\{-\lambda p_{n-1} + (c\mu + \lambda)p_n\right\}$$

$$= \frac{\rho^{(n+1)}}{c!c^{n+1-c}}p_0.$$

- caso $n = N$, por substituição,

$$p_N = -\frac{\lambda}{c\mu}p_{N-1}$$

$$= \frac{\rho^N}{c!c^{N-c}}p_0.$$

Calcule-se p_0, como $\sum_{n=0}^{N} p_n = 1$,

$$p_0 = \left\{\sum_{n=0}^{c} \frac{\rho^n}{n!} + \sum_{n=c+1}^{N} \frac{\rho^n}{c!c^{n-c}}\right\}^{-1}.$$

268 | Processos estocásticos e aplicações

c) Para este modelo tem-se,

$$L_q = \sum_{n=c+1}^{N} (n-c)p_n$$

$$= \sum_{j=1}^{N-c} j p_{j-c}$$

$$= p_0 \frac{\rho^c}{c!} \frac{\rho}{c} \sum_{j=1}^{N-c} j\left(\frac{\rho}{c}\right)^{j-1}$$

$$= p_0 \frac{\rho^{c+1}}{(c-1)!(c-\rho)^2}\left\{1-\left(\frac{\rho}{c}\right)^{N-c} - (N-c)\left(\frac{\rho}{c}\right)^{N-c}\left(1-\frac{\rho}{c}\right)\right\}.$$

❻ *a*) Está-se perante um modelo (M/M/2):(GD/4/∞) com

$$\lambda = 1 \text{ e } \mu = \frac{1}{20} \Rightarrow \rho = 20 .$$

b) Aplicando as formulas do exercício anterior, tem-se,

$$p_0 = (1 + 20 + 200 + 2000 + 20000)^{-1} = 0.000045$$

$$L_q = 0.000045 \times \frac{20^3}{18^2}(1 - 100 + 1800) \approx 2.$$

❼ Tem-se um modelo (M/M/1):(GD/15/∞) com

$$\lambda = 30 \text{ e } \mu = 20 \Rightarrow \rho = \frac{3}{2} .$$

a)

$$p_0 = \left(\frac{1-1.5}{1-(1.5)^{16}} \right) = 0.000762$$

$$1 - p_{15} = 1 - \left(\frac{1-1.5}{1-(1.5)^{16}} \right) \times (1.5)^{15} = 0.666.$$

b)

$$L_s = \frac{1.5 \times \left\{ 1 - 16 \times (1.5)^{15} + 15 \times (1.5)^{16} \right\}}{-0.5 \times \left\{ 1 - (1.5)^{16} \right\}} = 13.0244.$$

Bibliografia

1. Ash R B (1972). *Real analysis and probability*. Ac. Press.

2. Basu A K (2003). *Introduction to stochastic process*. Alpha Science International.

3. Box GEP; Jenkins GM (1976). *Time series analysis, forecasting and control*. Holden-Day, San Francisco.

4. Brockwell P; Davis R A (1987). *Time series. Theory and methods*. Springer-Verlag, NY.

5. Chung K L (1960). *Markov chains with stationary transitions probabilities*. Springer.

6. Cox D R; Miller H D (1968). *The theory of stochastic processes*. Chapman and Hall.

7. Feller W (1971). *An introduction to probability theory and its applications volume II*. John Wiley.

8. Gouriéroux C (1997). *ARCH models and financial applications*. Springer-Verlag, NY.

9. Harris T E (1963). *The theory of branching processes*. Springer.

10. Karlin S; Taylor H M (1975). *A first course in stochastic processes*. Ac. Press.

11. Karlin S.; Taylor H M (1981). *A second course in stochastic processes*. Ac. Press.

12. Karlin S.; Taylor H M (1998). *An introduction to stochastic modeling*. Ac. Press.

13. Kendall, D G (1951). *Some problems in the theory of queues*. J.R.S.S B, 13, 151-185.

14. Kleinrock L (1975). *Queueing systems, volume II: theory*. John Wiley.

272 | Processos estocásticos e aplicações

15. Loève M (1963). *Probability theory.* Addison-Wesley.

16. Métivier M (1972). *Notions fondamentales de la théorie des probabilités.* Dunod.

17. Morse, P (1958). *Queues, inventories and maintenance.* Wiley, New York.

18. Müller D A (1975). *Inferência estatística nos processos estocásticos. Suas implicações no processo de Galton-Watson.* Tese de doutoramento.

19. Murteira J F; Müller D A; Turkman K F (1993). *Análise de sucessões cronológicas.* MC Graw-Hill.

20. Parzen E (1999). *Stochastic processes.* SIAM.

21. Priestley M B (1981). *Spectral analysis and time series.* Ac. Press, NY.

22. Priestley M B (1988). *Non-linear and non-stationary time series.* Ac. Press, London.

23. Rao S; Gabr M M (1984). *An introduction to bispectral analysis and bilinear time series.* Springer Lectures and Notes in Statistics, 24.

24. Rudin W (1970). *Real and complex analysis.* Mc Graw-Hill.

25. Ross S M (1996). *Stochastic processes.* John Wiley.

26. Takács L (1966). *Stohastic processes. Problems and solutions.* Methuen.

27. Taha H A (1976). *Operations Research.* Macmillan.

28. Taylor H M; Karlin S (1984). *An introduction to stochastic modeling.* Ac. Press.

29. Tong H (1990). *Non-linear time series.* Oxford Univ. Press, Oxford.

30. Wei W S (1990). *Time series analysis: univariate and multivariate methods.* Addison-Wesley, NY.

Índice remissivo

A

Acontecimento, 4
   probabilidade do, 4
Aleatória,
   experiência, 2
   sucessão de variáveis, 9
   variável, 5
Aleatório,
   passeio, 13
   vector, 9
Aleatórios, fenómenos, 1
Análise estocástica, 202-209
Axiomática do processo de Poisson
   (ver processo de Poisson), 32

B

Browniano, movimento, 23

C

Cadeia de Markov, 23
   aperiódica, 85
   homogénea, 74, 121
   irredutível, 84,148
   recorrente, 88

Cadeia de Markov a tempo discreto, 22, 73-120
Cadeia de Markov a tempo contínuo, 22, 121-158
Classe,
   comunicante, 84
   fechada, 93
Cronograma, 12
Continuidade de um processo estocástico, 203-204
Convergência de martingalas, 198-202
Convergência em média quadrática, 203

D

Densidade de probabilidade do tempo de espera no sistema, 173
Derivada em média quadrática, 205
Diferenciabilidade de um processo estocástico, 205-206
Disciplina de serviço, 162-163
Distribuição de probabilidade estacionária, 98, 101-105, 151
Distribuição limite, 105-107, 150-151

274 | Processos estocásticos e aplicações

E

Equação de Chapman-Kolmogorov, 74-75, 122, 135
Equação de renovamento, 63
Equações diferenciais estocásticas, 206
Equações diferenciais de Kolmogorov, 135-148
    progressivas, 137-140, 146
    regressivas, 137, 140
Espaço de probabilidade, 5
Espaço de probabilidade base, 7
Espaço do estados, 7
Espaço dos resultados, 4
Espaço mensurável, 5
Espectro (ou densidade espectral), 213
    absolutamente contínuo, 213
Estado,
    absorvente, 89
    acessível, 83, 148
    aperiódico, 85
    comunicante, 83, 148
    ergódico, 89
    estável (ou de equilíbrio), 152, 164
    periódico, 85
    recorrente (ou persistente), 88, 148
    recorrente positivo, 89
    recorrente nulo, 89
    transiente, 164
    transitório (ou não recorrente), 88, 148
Estados, conjunto dos, 7
Extinção, 223

F

Filas de espera, 112, 133, 159-185

Função característica do processo de Poisson composto, 52
Função de contagem, 25
Função intensidade, 40
Função geradora de momentos do processo de Poisson generalizado, 49
Função geradora de probabilidades,
    do processo de Poisson, 37
    do processo de Poisson generalizado, 47
    do processo de Poison não homogéneo, 40
Função probabilidade de transição, 22

I

Identicamente distribuídos, processos estocásticos, 12
Independentes, processos estocásticos, 12
Índices do processo, conjunto de, 7
Integral de Rieman de um processo estocástico, 207-208
Integral estocástico, 206-207
Intensidade média do processo de Poisson (ou taxa), 26
Intensidade,
    de mortalidade, 127
    de natalidade, 127
    de passagem, 122
    de tráfico, 165
    de transição, 122-123

L

Lei de probabilidade, 6
    do processo estocástico, 12
Lei de reprodução, 219

M

Martingala, 188-202
Medidade probabilidade, 4
Modelos Poissonianos, 167-185

N

Número médio de clientes,
  na fila, 165-166
  no sistema, 165-166

P

Posto de serviço,
  em paralelo, 161
  em série, 161
Probabilidade de absorção, 89
Probabilidade de extinção, 223
Probabilidade de 1ª passagem, 87
Probabilidade de 1° retorno, 87
Probabilidades de transição, 73
  estacionárias, 23
  homogéneas, 121
Processo estocástico,
  autoregressivo de ordem 2, 22
  autoregressivo de ordem p, 212
  a tempo (ou parâmetro) contínuo, 7, 11
  a tempo (ou parâmetro) discreto, 7, 9
  contínuo, 7
  bilinear, 216
  contínuo em média quadrática, 203-204
  de contagem, 31
  de contagem de renovamentos, 62-67
  de contagem de renovamentos desfasado, 63-67
  de covariâncias estacionárias, 15

de difusão, 22
de Doob, 192
de Furry-Yule, 134, 144-145
de Galton-Watson, 217-225
  crítico, 224
  subcrítico, 224
  supercrítico, 224
de heterocedasticidade condicional autoregressiva (ARCH), 217
de incrementos estacionários, 18
de incrementos independentes, 17
de Markov, 21
de médias móveis de 1ª ordem, 14
de nascimento e morte, 125-134, 149
de nascimento puro, 133, 138
de Poisson, 25-28, 32-39, 56, 141
de Poisson composto, 52-55, 56
de Poisson generalizado, 47-51, 56
de Poisson não homogéneo, 40--47, 56
de ramificação, 217-218
de valores inteiros, 26
de Wiener, 23-25
definição, 6
diferenciável em média quadrática, 205
estacionário, 14
estacionário de 2ª ordem, 16
evolutivo, 14
discreto, 7
fortemente estacionário de ordem k, 15
fortemente estacionário, 15
fracamente estacionário (ou estacionário em média), 15
gaussiano, 25
homogéneo no tempo, 23

276 | Processos estocásticos e aplicações

linear, 210
finito, 217
geral, 211
misto ARMA, 212
não linear, 215-217
antecipativo, 215
Processos estocásticos,
identicamente distribuídos, 12
independentes, 12
lineares e não lineares, 209-217
teoria dos, 2
Projecção, 8

R

Realização (ou trajectória) de um
processo estocástico, 11
Reprodução média, 220
Representação linear, 210, 213
Ruído branco, 17, 210, 214

S

Série de Volterra, 215
Série temporal (ou sucessão crono-
lógica), 12
Sistema numa fila de espera, 160
Submartingala, 193, 198

Supermartingala, 193, 198

T

Taxa de mortalidade, 127
Taxa de natalidade, 127
Taxa média de chegadas, 165-166
Taxa média de serviço, 165
Tempo de Markov (ou tempo de pa-
ragem), 193-198
Tempo médio da 1ª passagem, 89
Tempo médio,
de espera na fila, 165
de espera no sistema, 165, 166,
172
de recorrência, 89
Tempos de espera, 32, 56-61
Tempos de serviço, 161
Tempos entre chegadas, 32, 56-61,
161
Teoria das séries temporais, 12
Trajectória de um processo estocás-
tico (ou realização), 11

V

Variância da reprodução, 220
Vida em excesso, 63